公開霊言

ニーチェよ、神は本当に死んだのか？

RYUHO OKAWA
大川隆法

本霊言は、2012年2月3日（写真上・下）、幸福の科学総合本部にて、
質問者との対話形式で公開収録された。

まえがき

若い時分にカール・ヒルティの『幸福論』を読んでいたのが免疫《めんえき》になったのか、ニーチェには憧《あこが》れることもなく、思想的に同調することも私にはなかった。単純に考えれば、中国禅の趙州和尚《じょうしゅうおしょう》（AD七七八〜八九七）の「大力量人《だいりきりょうにん》」や空海の「即身成仏《そくしんじょうぶつ》」の思想、さらに遡《さかのぼ》って釈尊の「仏性《ぶっしょう》・成仏《じょうぶつ》」の思想も、極端化しすぎると、ニーチェの「超人思想《ちょうじんしそう》」に見えなくはない。しかし、そこに古典学者・哲学者としてのニーチェの限界もあろう。仏教の縁起《えんぎ》の思想や悟りの階梯《かいてい》論が勉強として不十分だったのだろう。

イエスにしても、この世の肉体上の十字架での死のみにとらわれると、神とその独《ひと》り子と言われた方のこの世的弱さばかり強調されることになるが、ヒルティはこれに対し、「復活の信仰」こそキリスト教の神髄《しんずい》だと看破《かんぱ》している。聖書では五百人以上の目撃者が記録されている。「超人」を目指して「狂人」と化して死したニーチェ。その若すぎた天才の文学的煌《きら》めきが、世を救うことはなかった。

二〇一三年　五月二十日

幸福《こうふく》の科学《かがく》グループ創始者兼総裁《そうししゃけんそうさい》　大川隆法《おおかわりゅうほう》

公開霊言 ニーチェよ、神は本当に死んだのか？ 目次

公開霊言《れいげん》 ニーチェよ、神は本当に死んだのか？

二〇一二年二月三日　ニーチェの霊示《れいじ》
東京都・幸福の科学総合本部にて

「霊言現象《れいげん》」とは、あの世の霊存在の言葉を語り下ろす現象のことをいう。これは高度な悟《さと》りを開いた者に特有のものであり、「霊媒現象《れいばい》」（トランス状態になって意識を失い、霊が一方的にしゃべる現象）とは異なる。外国人霊の霊言の場合には、霊言現象を行う者の言語中枢《ちゅうすう》から、必要な言葉を選び出し、日本語で語ることも可能である。

なお、「霊言」は、あくまでも霊人の意見であり、幸福の科学グループとしての見解と矛盾《むじゅん》する内容を含《ふく》む場合がある点、付記しておきたい。

公開霊言《れいげん》　ニーチェよ、神は本当に死んだのか？

二〇一二年二月三日　ニーチェの霊示《れいじ》
東京都・幸福の科学総合本部にて

ニーチェ（一八四四～一九〇〇）

ドイツの哲学者《てつがくしゃ》、古典文献《ぶんけん》学者。牧師の家庭に生まれる。ボン大学、ライプツィヒ大学で学び、二十四歳《さい》でバーゼル大学の古典文献学の教授となる。『善悪の彼岸《ひがん》』『人間的な、あまりにも人間的な』『権力への意志』等、多数の著作がある。特に、『ツァラツストラはかく語りき』の「神は死んだ」という言葉が独《ひと》り歩きして波紋《はもん》を呼ぶ。また、「超人《ちょうじん》」の思想がヒトラーに大きな影響《えいきょう》を与《あた》えた。

質問者　※質問順

酒井太守《さかいたいしゅ》（幸福の科学理事長）

高間智生《たかまともお》（幸福の科学メディア文化事業局担当チーフ）

金澤由美子《かなざわゆみこ》（幸福の科学指導研修局長）

村田堅信《むらたけんしん》（幸福の科学常務執行《しっこう》理事　兼《けん》　幸福の科学大学学長※〔就任予定〕）

※仮称。二〇一五年四月開学に向けて設置認可申請予定。

［役職は収録時点のもの］

1　ドイツの哲学者《てつがくしゃ》ニーチェの思想を検証する

「幸福の科学のニーチェ観」を再点検したい

大川隆法　連日、さまざまな霊言《れいげん》収録等を行っていますので、何が出てくるか分からないような状況《じょうきょう》ですが、今、気になっているテーマを調べているところです。

幸福の科学は、立宗《りっしゅう》二十五周年を過ぎ、思想の再点検が必要な時期に来ています。すでに四半世紀が過ぎていますが、若いころに書いたものに修正の余地がないかどうか、気になるところがあれば、やはり、調べ直してみる必要はあるでしょう。

例えば、先日（二〇一二年二月一日）は、三島由紀夫《みしまゆきお》について少し調べてみたところです（『天才作家 三島由紀夫の描く死後の世界』〔幸福の科学出版刊〕参照）。体質的には少々怖《こわ》いところのある人なので、以前から受け付けない部分はあったのですが、実際に霊言をしてみると、言葉の波動としてやや荒《あら》いものはあっても、ズバリ地獄《じごく》というほどの感じまではいかなかったので、いわゆる「荒ぶる神」であるのかなと思いました。

そして、翌日の天照大神《あまてらすおおみかみ》の霊示《れいじ》（『天照大神のお怒《いか》りについて』〔幸福の科学出版刊〕に収録）において、三島氏に関する質問が出たときに、「いちおうは高天原《たかまがはら》ともつながっているのだろう」という感じを受けましたので、「彼が完全に間違《まちが》っていて、〝右《う》翼《よく》地獄〟ができているわけではない」というような感触《かんしょく》を持ちました。

それから、もう一人、気になっているのが、哲学者《てつがくしゃ》のニーチェです。

映画「永遠の法」（二〇〇六年公開）のなかには、誰《だれ》もがニーチェを連想する「ニーチェス」という悪魔《あくま》と、ヒトラーを思わせる「ヒスラー」という悪魔も出てきます。映画では、これらの者が組み、地獄で大暴《おおあば》れしている様子が、かなり断定的に描かれているため、これを観《み》た人のなかには、「ニーチェは地獄の悪魔になっている」と感じた人も多いでしょう。

ちなみに、私が三十歳《さい》のころに書いた初期の三部作（『太陽の法』『黄金の法』『永遠の法』〔いずれも幸福の科学出版刊〕）のなかにも、そのような表現はあったかと思います。『黄金の法』には、「ニーチェは、地獄の最深部で、鉄球がぶら下がった鎖《くさり》をつけられて、ヘドロの沼《ぬま》でのたうち回っている」というようなことが書いてあります。

映画「永遠の法」では、それらしき描写《びょうしゃ》が出てきたため、いちおうこれに対する責任もあり、まだ探究の余地はあると思います。

ニーチェが世の中に与《あた》えたさまざまな影響《えいきょう》

大川隆法　近年では、『超訳《ちょうやく》 ニーチェの言葉』〔ディスカヴァー・トゥエンティワン刊〕などの「超訳」シリーズのようなものが何冊も出ていますが、〝超訳〟であるだけに、現代語で、かなり新鮮《しんせん》な語彙《ごい》を使い、よい部分を選び出して書かれています。それらの本を読んでみても、あまりおかしな感じはしませんし、若い人たちにとっては、読んでいて元気になるような面があるのかもしれません。ただ、〝超訳〟のため、厳密な訳ではなく、「売れる」ように訳しているところが気になる部分ではあります。

この『超訳 ニーチェの言葉』のまえがきによると、ニーチェは十九世紀の後半、正確には、一八四四年から一九〇〇年まで生きた人とのことです。

一八四四年というと、日本では江戸《えど》時代の終わりごろ、すなわち、大塩平八郎《おおしおへいはちろう》の乱（一八三七年）が起きた直後の時期に生まれたことになります。

また、一九〇〇年ということは、日清《にっしん》戦争と日露《にちろ》戦争の間ぐらい、明治時代の終わりごろに亡《な》くなったことになります。その二年前の一八九八年ごろは、アメリカがハワイなどを併合《へいごう》した時期だったでしょうか。

明治・大正期の日本国内において、ニーチェはかなり有名で、「旧制高校や大学の学生たちが争って読んでいた」とも言われ、けっこう人気があったようです。

その他にも、リヒャルト・シュトラウスの「ツァラツストラはかく語りき」という、ニーチェの同名の著作（後述）をもとに作られた交響詩《こうきょうし》があり、映画「２００１年宇宙の旅」のテーマソングとしても使われています。そのようなものもあり、人気がないわけではありません。

先ほどの書籍《しょせき》の編訳者は、「昔から、ニーチェについての流言飛語《りゅうげんひご》や誤解は少なくない。ナチスの思想の土台となった、ニヒリズムの哲学を流布《るふ》させた、反ユダヤ主義だった、等々」の批判があると述べています。

しかし、「ニーチェの思想がヒトラーやナチズムの思想に影響《えいきょう》を与《あた》えたというのは、悪質なデマだ。ヒトラーとナチズムは自分たちの空虚《くうきょ》さを埋《う》めつつ虚勢を張るために、さまざまな分野の既存《きそん》の思想を勝手に曲解して取り入れることを恥《は》じなかった。

また、ニーチェの妹がナチズムに接近して手を貸し、ハンガリーのマルクス主義者ルカーチがニーチェをナチズムの先駆《さきが》けと主張したことで誤解が大きく広まった」とも述べています。

さらに、「ニーチェは反ユダヤ主義かといえば、これもそうではない。むしろ、反宗教というべきだろう。ニーチェは宗教の何を嫌《きら》ったのか。おしなべて宗教というものが彼岸《ひがん》に、すなわち神とかあの世とか無限性に道徳の尺度を求める態度を押《お》しつけようとするからだ。そうではなく、もっとこの世に生きている人間の道徳が必要だとニーチェは考えたのだ。よって、ニーチェの思想は『生《せい》の哲学』と呼ばれることになった」と述べています。

その意味で、「ニーチェはニヒリズムの哲学者ではない」といった言い方を、この編訳者はしています。そのように、捉《とら》え方、解釈《かいしゃく》としてはいろいろあるのだろうと思います。

確かに、ニーチェの思想のなかには、『権力への意志』などもあり、「この世での強力な力を持って輝《かがや》きたい」というようなエートスを持っていたかもしれません。私のイメージとしても、「完全にニヒリズムとは言えない面があるのではないか」という印象を持っています。

ニーチェ、シュタイナー、ハイデッガーがヒトラーを煽動《せんどう》？

大川隆法　幸福の科学では、今、政治運動や政党活動などで国防について訴《うった》えたり、また、先日は三島由紀夫について調べたりと、多少、軍国主義的に見える面も出ていないわけではありません。当会はニーチェのことを悪魔のように言って嫌っていますが、当会を批判する側には、「本当はニーチェと同質なのではないか」というように見る向きがあるかもしれません。

私も、昔、マスコミ等から、ヒトラーのような存在に受け取られたことがあるぐらいですので、そういうものと同質と見えなくもない面があるかもしれません。

ただ、ヒトラーは、ニーチェ以外にも、人智学者《じんちがくしゃ》ルドルフ・シュタイナーの思想などを取り入れています。

「『アーリア人とは、もともとアトランティスにいた人種であり、その末裔《まつえい》であるドイツ人は、アーリア人のなかでもいちばん純化した存在なのだ』というシュタイナーの説から、民族主義を導き出した。それがユダヤ人等を迫害《はくがい》する論拠《ろんきょ》にもなったのではないか」という考えもあり、その意味では、シュタイナーにも〝嫌疑《けんぎ》〟がかかっているわけです。

また、ヒトラーとのかかわりでニーチェを否定するのであれば、同じことが、ハイデッガーの哲学についても言えるかもしれません。当会では、ハイデッガーについては、それほど悪く言っていませんが、「ハイデッガーも、ナチズムに協力したではないか」という考えもあります。

それから、ハイデッガーの愛弟子《まなでし》だったハンナ・アーレントは、ハイデッガーと愛し合う仲でもありましたが、ユダヤ人だったために、思想的には対立しました。彼女にとって、ユダヤ人の迫害は容認できないものだったのです。アーレントは、イギリスから逃《のが》れ、アメリカの政治哲学者になりました。

そういう意味で、アーレントは、ハイデッガーと思想的に対立した面もありましたが、その思想のなかには、「ギリシャの古典的民主主義に対する憧《あこが》れ」のようなものがそうとう入っており、「ニーチェの思想が一部に流れている」と考えられるところもあります。

「超人《ちょうじん》」の思想は「人間解放の思想」なのか

大川隆法　したがって、ニーチェの思想のなかには、「人間の可能性を認める思想」もあることはありますし、「人間を解放する思想」もないわけではありません。

もしかすると、「超人《ちょうじん》」(Übermensch《ユーバーメンシュ》)の思想も、空海《くうかい》の「生の哲学」、すなわち、一躍《いちやく》、悟《さと》りの世界に入るような「即身成仏《そくしんじょうぶつ》的な哲学」に相当するものを持っているのかもしれません。

はたして、この「超人」の思想とは、どのようなものであるのか、もっともっと「強い人間」になることを意図した「励《はげ》ましの哲学」であったのかどうか、いまだに疑問は尽《つ》きません。

ニーチェがキリスト教に見た「弱々しさ」

大川隆法　「神は死んだ」という言葉が独《ひと》り歩きして有名になってしまっているため、

ニーチェに対する先入観を持っている人が多いと思います。

彼は、いちおうキリスト教をテーマとして見ていたのでしょうが、「ユダヤの救世主」として現れたことになっているイエスが、十字架《じゅうじか》に架かり、強盗《ごうとう》犯人などと一緒《いっしょ》に処《しょ》刑《けい》されて終わりました。

これをニーチェ的に見ると、「救世主、あるいは神の独り子としては、あまりにも弱すぎる。救えていないではないか」ということでしょう。

実際に、イエスの死後四十年ぐらいたった西暦《せいれき》七〇年前後には、マサダの砦《とりで》における悲劇で、ユダヤそのものが滅《ほろ》びました。国がなくなったユダヤ民族は、その後、千九百年間も世界各地を放浪《ほうろう》し、いじめられ、金貸し等をしながら生きてきました。

その意味で、イエスは、「祟《たた》り神」に祟られたような人生を生きています。これが、ニーチェには「弱すぎる」と見えたわけです。そのあと、ヒトラーによって六百万人も虐殺《ぎゃくさつ》されたりして、「これはいったい何だったんだ」と思ったのでしょう。

実際、イエスが生まれたユダヤ民族における宗教、ユダヤ教自体が、イエスを「預言者の一人」とは認めていても、「救世主」としては認めていないところがあります。

ユダヤ教が考える救世主、「メシア」とは、政治的な指導者でもあり、世を救う「救い主」でありますので、実際に、この世的にも勝たなければならない面を持っている存在なのです。例えば、かつてのダビデやサムエル、ソロモン王等は、みな、この世での勝利を立派に収めた方々です。

したがって、そのような系譜《けいふ》から見て、ユダヤ人は、「ローマの植民地、属領と化し、救世主が期待されているときに出てきた存在であるならば、やはり、ローマからユダヤを救い、解放までしなければならなかったのではないか。モーセでさえ、『出《しゅつ》エジプト』をしたのだから、そのくらいのことがあってもよいのではないか」と思ったわけです。ユダヤ人が、「イエスは、預言者ではあるが、救世主ではない」と考えたのにも、一定の理由がないわけではないのです。

「『裏切りのユダ』がイエスを売り渡《わた》した」とは言いますが、ユダとしては、「イエスは、当然ながらエルサレムに入城し、奇跡《きせき》を起こして民衆を煽動《せんどう》し、革命・独立運動を起こすだろう」と思っていたところ、あっさりと捕《つか》まって処刑されてしまったので、ショックだったのではないでしょうか。そういう面があるかもしれません。

日本では一種の「祟《たた》り神信仰《しんこう》」と受け取られたキリスト教

大川隆法　また、江戸時代、日本に布教《ふきょう》に来たシドッチというイエズス会の宣教師が捕まり、江戸に送られました。新井白石《あらいはくせき》が、牢屋《ろうや》に入れられたその宣教師に、「おまえたちの信じる神というのは、どういうものなのか」と尋問《じんもん》した記録が遺《のこ》っています。

新井白石は、「結局、十字架に架かって死んだ」という者を祀《まつ》って拝《おが》んでいるのを見て、「あなたがたの神は信じられない」と言っています。

日本で信仰《しんこう》されている神には軍神が多く、昔、戦争で勝った人が神として祀られますが、負けたほうは祟《たた》り神になるため、それが怨霊《おんりょう》になって悪さをしないために、神社に祀って慰霊《いれい》・鎮魂《ちんこん》をする場合があります。

例えば、左遷《させん》されて大宰府《だざいふ》に流された菅原道真《すがわらのみちざね》などは、藤原道長《ふじわらのみちなが》のころには平安期最大の怨霊となりました。安倍晴明《あべのせいめい》が宿敵として調伏《ちょうぶく》していた最大の相手は、実は、これです。左遷されて無念のうちに死んだ道真の怨霊が、京の町に雷《かみなり》を落とし、人々を不安に陥《おとしい》れたりしたため、これを鎮《しず》めることが最大の仕事だったのです。神社を建て、神様として祀ってしまい、鎮魂をしています。

要するに、日本人がキリスト教を見ると、イエスは、「祟り神になるべき死に方」をしたタイプに見え、それを鎮魂するために〝神〟として祀った仕組みに見えるわけです。新井白石は、「これでも宗教か。これは、日本人が帰依《きえ》する宗教ではない」と思ったようですが、ほかの日本人も、やはり同じように感じたらしいのです。

キリスト教が日本に入ってから五百年たっても「信者数一パーセントの壁《かべ》」を越《こ》えられないでいるのは、「日本人の宗教感覚から見て、『神』とするには足りない面があったからではないか」と思います。

そのようなわけで、「ニーチェのキリスト教批判は、まったく外れている」とは言えない面もあります。

ただ、「イエスは、精神的な世界のほうの救世主を目指していた」というような考え方もあるわけで、「この世的なものだけではなかった」というあたりが、微妙《びみょう》に議論の分かれるところでしょう。

「ゾロアスターの生涯《しょうがい》」を書いたニーチェの信仰《しんこう》観

大川隆法　それから、ニーチェの著書のなかには、『ツァラツストラはかく語りき』（Also《アルゾ》 sprach《シュプラーハ》 Zarathustra《ツァラツストラ》）という本がありますが、このツァラツストラというのは、ゾロアスターのことです。過去、ペルシャでゾロアスター教という宗教を起こした方です。そのゾロアスターの生涯《しょうがい》をニーチェの筆《ひつ》によって書いたものですが、『聖書』に代わるものとして書いたと推定されます。

これは、史料としては、ほとんど遺っていないため、ほぼ、インスピレーション的なもので書いたものだとは思われますが、ツァラツストラの生涯とその言葉を、ありありと再現して書いたものです。

その文章は、なかなかの名文です。ツァラツストラの言葉にはそうとう鬼気迫《ききせま》るものがあり、いかにもリアリティーがあります。「神はかくあるべし」というところでしょうか。そのなかには「イエス・キリストのような、弱く、負ける神ではなく、このように強い神でなければならない」という「希望」が書かれている面もあります。

ニーチェの死後の行き先は「天上界《てんじょうかい》」それとも「地獄界《じごく》」？

大川隆法　そこで、一九八七年に『黄金の法』を出してから二十五年たった今、ニーチェについて、もう一回点検しようと思っています。

もし、サタンであれば、そうとうのサタンだと思いますし、そうでなければ、いわゆる無間地獄《むけんじごく》風の閉じ込《こ》められた感じの所に独りぼっちでいて、何も分からないような状態でいるかもしれません。

あるいは、私が、単に好き嫌いで見ていて、ニーチェと距離《きょり》を取っていたために、理解しようとしなかっただけで、真実は違うのであれば、それこそ、「ゾロアスターの生まれ変わり」のレベルぐらいの意識の高い人である可能性もないわけではありません。

『黄金の法』を書いた三十歳のころの私には、まだそこまでの認識はなかったため、「もし間違いがあるならば、直さなければならない」と思います。

この人については、過去、霊言というかたちでやったことはありませんが、音楽の「ツァラツストラはかく語りき」を聴《き》いていたら、ニーチェと名乗る者が出てきて、少し〝怖い〟感じがしたため、以後、接触はしていません。

今回の収録についての背景的なものを言えば、そういうところです。

「最近、ニーチェに関する本が流行《はや》っている」ということは、力強い生き方のようなものを唱導、慫慂《しょうよう》すべき時期が来ていることを意味しているのかもしれません。

あるいは、『下山《げざん》の思想』（五木寛之《いつきひろゆき》著）が「地獄行きの思想」であるのに対し、「超人」の思想であるニーチェの流行は、逆に、「神様になろう」というような運動が起きているのかもしれません（笑）。「この思想は、天上界《てんじょうかい》に向いているものなのか、それとも独《ひと》り善《よ》がりのものなのか」というところをチェックしなければならないでしょう。

早熟の天才・ニーチェが迎《むか》えた「悲惨《ひさん》な晩年」

大川隆法　ニーチェは、ギリシャ語やラテン語を中心とした哲学の古典に対する文献《ぶんけん》学的《がく》な学問をしていましたが、飛び級をしながら、そうとうの早さで上がっていき、その成果が認められて、二十四歳でスイスのバーゼル大学の教授になっています。そのことから見ると、少なくとも、十代のころから、頭の緻密《ちみつ》さ、正確さはそうとうなものであったと思われます。大秀才《だいしゅうさい》というよりも、頭脳的な天才であったことは、ほぼ間違いないでしょう。

ただ、彼の晩年についての見解は分かれるところです。私が若いころから愛読している『幸福論』などを書いたスイスの哲人カール・ヒルティは、熱心で誠実なクリスチャンですが、ニーチェに対して批判的で、「ニーチェの思想が間違っていることは、最期《さいご》を見れば分かる。脳梅毒《のうばいどく》にかかって、狂《くる》い死《じ》にした晩年を見れば、いかに神に呪《のろ》われた方であるかが分かるだろう」といったことを述べています。

ヒルティ自身は、当時としては高齢《こうれい》の七十七歳に至るまで現役《げんえき》で、元気に活動しており、スイスのバーゼル湖畔《こはん》を散歩して帰ってきたあと、娘《むすめ》に看取《みと》られながら眠《ねむ》るように死んでいますので、本当に、安穏《あんのん》な思想どおりの平和な最期でした。

片や脳梅毒で亡くなったニーチェですが、これも、別に、女遊びをしたためではなく、「先天性のものだった」という説が強いようですので、生まれつきのものであれば、気の毒なことではあります。そういう死に方をしたことが、本当に、神の呪いを受けた者だからかどうかは、気になるところです。

私自身はヒルティの影響をだいぶ受けていたため、「ニーチェに対しては、一定の先入観があるかもしれない」とは思います。

ただ、当会が批判されるときには、「ニーチェ的なものやヒトラー的なものがあるのではないか」という言い方をされることもあるので、〝自己分析《ぶんせき》〟として、これを一度チェックしておく必要はあるでしょう。

前置きとしては以上です。

ドイツの哲学者《てつがくしゃ》、ニーチェの霊《れい》を招霊《しょうれい》する

大川隆法　そのようなわけで、ニーチェの霊言をするのは初めてのことなので、私としては白紙の状態で臨《のぞ》みたいと思います。

一時間か二時間もやれば、さすがに、この人の傾向《けいこう》は分かるでしょう。あるいは、最初から一発で分かってしまうかもしれませんが、一定の傾向は出てくるはずです。もともと頭のよい方でしょうから、もし、いまだに頭脳が明晰《めいせき》であるならば、そうとうな論客《ろんかく》であり、それほど簡単に言い負かせる相手ではない可能性があります。ただ、最初から「ウン、ウーン」で終わりだったら、それまでですので、やってみないと分かりません。

今、当会は、怖いもの（悪魔等）にも手を出し始めています。

すでに、ヒトラーや鄧小平《とうしょうへい》は地獄にいることが確認されています（『国家社会主義

とは何か』『アダム・スミス霊言による「新・国富論」』〈共に幸福の科学出版刊〉参照）。毛沢東《もうたくとう》もすでに呼んでいます（『マルクス・毛沢東のスピリチュアル・メッセージ』〈幸福の科学出版刊〉参照）。

現代の源流に当たるところは、いちおう、論点を潰《つぶ》しておかなければならないでしょう。

また、「当会の思想が、『権力への意志』に突《つ》き動かされている思想なのかどうか」ということについても、やはり確認すべきであると思います。

前置きが長くなりました。

（合掌《がっしょう》し、瞑目《めいもく》する）

これから、ドイツの哲学者《てつがくしゃ》、ニーチェの霊を招霊《しょうれい》し、その本心や、本来の姿、あるいは、今、考えていること等を明らかにしたいと思います。

現代においては、再び、「ニーチェの言葉」等が流行り始めており、その真偽《しんぎ》が問われているところです。

保守の思想家のなかにも、ニーチェを翻訳《ほんやく》したり、その思想を伝えたりしている者もおり、「われらも同調すべきかどうか」には、一縷《いちる》の不安があることも事実です。

願わくば、幸福の科学総合本部に降りたまいて、ニーチェ哲学の本質や、その考え等を、われわれにお教え願えれば幸いに思います。

ドイツの哲学者、ニーチェの霊、流れ入《い》る。

ドイツの哲学者、ニーチェの霊、流れ入る。

ドイツの哲学者、ニーチェの霊、流れ入る、流れ入る、流れ入る。

ドイツの哲学者、ニーチェの霊、流れ入る、流れ入る、流れ入る。

ドイツの哲学者、ニーチェの霊、流れ入る。

（約二十五秒間の沈黙《ちんもく》）

2　やはり「地獄《じごく》」に堕《お》ちているのか

自分が死んだことを自覚しているニーチェ

酒井　ニーチェさんですか。

ニーチェ　（咳払《せきばら》いをする）ウッ、フンッ。

酒井　日本語は分かりますか。

ニーチェ　ああっ。うん。

酒井　今は、何か、していらっしゃるのですか。「ご病気だった」と伺《うかが》いましたが、もう治ったのでしょうか。

ニーチェ　うーん？

酒井　頭の病気で、たいへん苦しまれたそうですけれども、もう、治りましたか。

ニーチェ　ああっ？　失礼なこと、言うんじゃないよ。

酒井　ご病気だったことは、事実ではないのでしょうか。

ニーチェ　人前でねえ、人の病気をねえ、あげつらうということは、君ねえ、非礼なことなんだよ。

酒井　失礼いたしました。非常に心配していたものですから。

ニーチェ　ふーん、そう。本心から？

酒井　本心ではないかもしれません（会場笑）。

ニーチェ　嘘《うそ》だろ（会場笑）。

私はね、そんな言葉に、すぐに騙《だま》されるほど、単純ではないですよ。

酒井　そうですか。今は、どこにいらっしゃるのでしょうか。

ニーチェ　どこに？

酒井　はい。お住まいは、どちらですか。

ニーチェ　君に、それを判定できる資格があるわけ？

酒井　判定と言いますと？

ニーチェ　君は、あの世を見に行ったわけ？

酒井　今、あの世にいらっしゃるのですか。

ニーチェ　そりゃあ、あの世にいるよ。当たり前だ。今、言ってたじゃないか、一九〇〇年に死んだって。今、一九〇〇年じゃないだろう？

酒井　はい。今は何年だと認識されていますか。

ニーチェ　西暦《せいれき》二〇一二年だよ。

酒井　そうすると、それまでの間は、霊界《れいかい》の、どちらにいらっしゃったのでしょうか。

ニーチェ　「どちらに」って、この世ではないわなあ。

酒井　「この世ではない」と？

ニーチェ　うん。

『黄金の法』の記述に対する過剰《かじょう》な反応

酒井　大川隆法総裁の『黄金の法』という本はご存じでしょうか。

ニーチェ　うーん、なんか嫌《いや》な感じがするな。

酒井　嫌ですか。

ニーチェ　うん。

酒井　幸福の科学はご存じですか。

ニーチェ　まあ、知らなきゃ、（ここに）出てこれないだろうよ。

酒井　いや、知らない人も、けっこういるのです。

ニーチェ　ああ、そう。それは勉強不足だなあ。

酒井　勉強をされているのですか。

ニーチェ　まあ、「してはいない」けど、「してはいる」かなあ。

酒井　それは、どういうニュアンスなのですか。

ニーチェ　「『完全に理解している』とは言わないけれども、知らないわけではない」という意味だ。

酒井　『黄金の法』は読まれましたか。

ニーチェ　ドイツ語訳を、私のところに送ってくれたかな？

酒井　ドイツ語訳は出ていましたかね？（本霊言収録後、二〇一二年七月発刊）

ニーチェ　うーん。

酒井　そのなかには、ニーチェさんについて、「『神は死んだ』と叫《さけ》んだその言葉が、あの世に還《かえ》ってから、数限りない霊人《れいじん》たちの嘲笑《ちょうしょう》の的《まと》となりました」と書いてあります。

ニーチェ　それは、極《きわ》めて失礼な書き方だねえ。もう少し、わしの業績を並べつつ、客観的に叙述《じょじゅつ》していただきたいなあ。
酒井　そうですか。『黄金の法』には、さらに、「ヒトラーとともに、地獄《じごく》の最深部で……」。
ニーチェ　ハッハハハハ。
酒井　「ヘドロの沼《ぬま》にもだえています」と。
ニーチェ　ああ、ヘドロねえ。
酒井　はい。
ニーチェ　ヒトラーねえ。
酒井　はい。
ニーチェ　ふーん。
酒井　さらに、「両手両足には、非情にも、重い鉄球がぶら下がっている鎖《くさり》をつけられているのです」と書かれています。

ニーチェ　ほーお。それは、なかなかの文学的表現だなあ。「重い鉄球」？　「見てきたような嘘」というのは、よくあるけども、よくもまあ、会ったこともない人に、そこまで酷《こく》な表現をするなあ。

「哲学《てつがく》の祖」ソクラテスをバカにするニーチェ

酒井　それでは、どういう所にいらっしゃったのですか。

ニーチェ　「どういう所に」って、まあ、指導をしていたかな。

酒井　どなたへの指導ですか。

ニーチェ　まあ、地上のな。

酒井　例えば、どういう方でしょうか。

ニーチェ　いろんな政治家や……。

酒井　政治家ですか。

ニーチェ　いや、政治家だけではないな。やはり、文学者に思想家、哲学者《てつがくしゃ》と、いろいろ指導する相手は多いからねえ。

酒井　政治家のなかでも、当然、有名な方を指導されていたと思うのですが……。

ニーチェ　「指導」というか……、まあ、君は、「ヒトラー」と言わせたいんだろう。

酒井　いいえ、別に、そうでなくても結構です。

ニーチェ　君ねえ、ああいう頭の悪い人と一緒《いっしょ》にされると困るんだ。

酒井　それでは、頭のいい政治家を指導されていたのですね。

ニーチェ　うーん？　頭のいい政治家は、私以降、あまりいないんだな。

酒井　ニーチェさんは、政治家だったのですか。

ニーチェ　いや、違《ちが》いますよ。哲学者ですけれども、「私の哲学を理解できる程度の頭があるかどうか」ということは大きいわなあ。

酒井　ニーチェさんのあとには、偉大《いだい》な哲学者は出ていないのですか。
ニーチェ「私のあとに、偉大な哲学者は出ていない」？　うーん、ちょっと質問が悪いな。
酒井　どういう質問であればよろしいのでしょうか。
ニーチェ「あなたほど偉大な哲学者は出ていませんね？」と訊《き》くべきでしょうね。
酒井　あなたほど偉大な哲学者は出ていませんか。
ニーチェ　うん、うん。出ていないだろうね。
酒井　あなた以前にも出ていませんか。
ニーチェ「私以前」かあ。私以前に、哲学者でねえ。まあ、ソクラテスは、すこーし人が良すぎるわな。
酒井　人が良すぎる？
ニーチェ「哲学の祖」ではあるが、ちょっと人が良すぎるというか、君らの言葉でいうと、「バカ」だわなあ。ハハハッ。

酒井　どういうところが、バカなのですか。

ニーチェ　だって、牢《ろう》の番人までが逃《に》げるのを勧《すす》めていて、弟子《でし》が迎《むか》えに来ているにもかかわらず、逃げもしないで、毒ニンジン（の杯《さかずき》）をあおって死んでいくんだろう？家族もいるのに、ちょっと、バカバカしいや。

結末を見れば、その哲学が分かるからさ。「この世での処世術としては、未熟な哲学であった」ということが、それでバレるなあ。

酒井　そうですか。

ニーチェ　うん。

イエスに反発し、キリスト教を〝奴隷《どれい》の哲学《てつがく》〟と貶《おとし》める

酒井　イエス様については、いかがでしょうか。

ニーチェ　イエスかあ。こいつが生まれなければ、この二千年間は、もっと平和だっ

ただろうなあ。
　こいつのおかげで死んだ人が、いったい、どれだけいると思ってるんだ。ほんとにねえ。
　君らは、「ヒトラーが、ユダヤ人を六百万人も殺した」だとか、「スターリンが、ソ連の同胞《どうほう》を二千万人も殺した」だとか、「毛沢東《もうたくとう》が、中国人を何千万人も殺した」だとか、そういうことを言うんだろうけど、イエスのために死んだ人が、いったい、何億人いるか、分からないんだからね。（イエスは）よく、「上（天上界《てんじょうかい》）」に住んでいられるよな。
酒井　あなたは、あの世に還っていらっしゃいますよね。
ニーチェ　おお？　それはそうだよ。
酒井　イエス様のために亡《な》くなられた方は、不幸になっているのでしょうか。
ニーチェ　君は、「ライオンに食われたやつが、そのまま天使になっている」と思うかね。

酒井　そういう人たちは、全員が地獄に行かれたわけですか。それをご覧になったのですか。

ニーチェ　まあ、君たちの言葉で言えば、「成仏《じょうぶつ》」はしていないだろうねえ。

酒井　「キリスト教徒たちは、みな成仏はしていない」と？

ニーチェ　少なくとも、キリスト教は、〝奴隷《どれい》の哲学《てつがく》〟だからね。

酒井　あなたは、それを見てきたのですか。

ニーチェ　うーん、奴隷だわな。

そういう先生なら、君らは付いていくかい？　例えば、大川隆法というのが、「私のために、君たちは、ライオンに食われなさい」と言って、君らが、次々とライオンの餌《えさ》になっていくのに、それでも付いていくのかい？

酒井　はい、付いていきますね。

ニーチェ　バカじゃないか？

酒井　どうして、バカなのですか。

ニーチェ　バカじゃないか。この世的に見たって、それがおかしいことぐらい、小学生でも分かるよ。

ヒトラーは霊界《れいかい》で「機嫌《きげん》よくやっている」？

酒井　あなたは、あの世を知っているんですよね。

ニーチェ　ああ、知ってるよ。

酒井　ヒトラーは、どこに行きましたか。

ニーチェ　ヒトラー？

酒井　はい。ヒトラーは、天国に行ったのですか。天使になったのですか。

ニーチェ　ヒトラーは機嫌《きげん》よくやってるよ。機嫌よくな。

酒井　ヒトラーとは、以前、話をしましたけれども（二〇一〇年六月二日に、「ヒトラーの霊言《れいげん》」を収録した。前掲《ぜんけい》『国家社会主義とは何か』参照)、機嫌がよければ、天使なのですか。

ニーチェ　少なくとも、大勢の人がだねえ……。

酒井　イエス様は、どちらに、いらっしゃるのですか。

ニーチェ　イエス？

酒井　お会いされたことはありますか。

ニーチェ　イエスは、隔離《かくり》されてるんじゃないかなあ。

酒井　どこにですか。

ニーチェ　あまりの罪の大きさに。

酒井　イエス様は、地獄にいるのですか。

ニーチェ　あそこまで神を貶《おとし》めた罪は大きいな。失敗したんだよ。

酒井　誰《だれ》が罪を決めるのですか。
ニーチェ　ええ？　私が決めてるんじゃないの。何を言ってんの？
酒井　なぜ、あなたが決めるのですか。
ニーチェ　私は賢《かしこ》いからだよ。
酒井　あなたは神ですか。
ニーチェ　私は賢いですから。
酒井　そうではなくて、あなたは神なのですか。
ニーチェ　イエス以前の歴史まで、ちゃんと勉強してますからね。
酒井　あなたは、神なのですか。
ニーチェ　ええ？　「神以上」ですよ。何、言ってんだ。
酒井　「神以上」？

ニーチェ　当たり前でしょうが。それが、「超人《ちょうじん》の思想」ですよ。「光の天使」であるシュタイナーとルターをも貶《おとし》める

酒井　あなたは、アーリマン（ゾロアスター教に出てくる悪神）を知っていますか。

ニーチェ　アーリマン？　アーリマンは知らないな。

酒井　知らないのですか。

ニーチェ　……ということにしておく。

酒井　「ということにしておく」？

ニーチェ　うん。

酒井　シュタイナーさんが、ご覧になったのは……。

ニーチェ　うん？　シュタイナーが間違ってるんですよ。

シュタイナーは、「ルシファー」なんて月刊誌を出してたんだからさあ。君ら、シュ

タイナーをほめ上げて、私をこき下ろすのには問題があるよ。

酒井　「シュタイナーは間違っている」ということですか。

ニーチェ　批判するなら、両方とも批判するべきだよ。

酒井　シュタイナーは、霊的な目で、あなたが苦しんでいるところを見たことがあるようです。

ニーチェ　「シュタイナーも、地獄の溝《みぞ》のなかで、ミミズみたいに這《は》い回っている」と、ちゃんと書け！（注。シュタイナーは、天上界の八次元如来界《にょらいかい》に還っている。『黄金の法』『霊性《れいせい》と教育』〔幸福の科学出版刊〕参照）

酒井　「シュタイナーは地獄だ」ということですか。

ニーチェ　うん？　「フェアに扱《あつか》いなさい」と言っているだけだ。まあ、「地獄」を「天国」と言う人もいるから、天国でもいいし、どっちでもいいけどさ。だけど、シュタイナーは、ルシファーを天使みたいに書いてるよ。君、そのへんを見落としてはいけないよ。よーく勉強しなきゃいけない。

酒井　ただ、シュタイナーは、あなたが病気で苦しんでいるとき、あなたに悪魔《あくま》が入っているのを見たそうです。

ニーチェ　うへー、へっ、へっ、へっ。

それなら、ルターにだって、悪魔は取り憑《つ》いたじゃないか。それは、どうするんだい？　ルターは、悪魔に苦しめられて、大変だったんだからさあ。

散歩か何かで、友達と一緒に歩いてるときに雷《かみなり》が落ちて、友達のほうは、それで死んでしまい、自分は、かろうじて生き延びたんだけど、それ以後、雷が怖《こわ》くてたまらなかった。

それに、「悪魔が現れたときに、悪魔に向けてインクの壺《つぼ》を投げつけたら、それが壁《かべ》のシミになって、いまだに残っている」というぐらいだ。ルターなんか、「悪魔に取り憑かれて狂《くる》った」と言ったって構わないわけよ（注。ルターは、宗教改革のために生まれた光の天使〔前掲『黄金の法』参照〕。生前、ルターは、「悪魔とたびたび論争をした」と語っているが、それは、「悪魔に憑依《ひょうい》されて狂っていた」という意味ではない）。

現実に、「ルターの新教が起きてから、ドイツの人口は、三分の一にまで減った」と言われるわけだ。これは、ヒトラー以上の〝悪行《あくぎょう》〟だな。

ニーチェが発狂《はっきょう》した理由とは

酒井　あなたは、亡くなる前の十年間、なぜ発狂《はっきょう》してしまったのでしょうか。

ニーチェ　病気ということはあるだろうよ。医学が発展していないときには、そういうことはある。今だったら治ったかどうか、それは分からないけどさ。

酒井　あなたは、肉体に影響《えいきょう》されるだけなのですか。精神は、どうしたのですか。

ニーチェ　まあ、私は、早熟の天才だから、もう業績が出終わっていたからね。それは、いいんじゃないの？　五十年以上も生きたら、もう十分じゃないか。

あんたも、あまり長生きするんじゃないよ。そろそろ死なないと、悪いことをするぞ。もう、五十過ぎまで生きたんだから、十分だよ。

酒井　そうですか。

3　ヒトラーに与《あた》えた影響《えいきょう》

「障害者を断種せよ」と書いて弱者を切り捨てる

酒井　あなたの思想を読んだ者がいますので、質問してもらいます。悪い影響《えいきょう》を受けたかもしれませんが……。

ニーチェ　それは、悪い影響を受けてるだろう。君の言葉によればな。

高間　あなたの中心的な思想に、「超人思想《ちょうじんしそう》」がありますよね。

ニーチェ　素晴《すば》らしい思想じゃないか。

高間　この「超人への道」について、今、どう考えているのですか。

ニーチェ　君らも、今、それを目指してるんじゃないか。

高間　どうすれば、超人になれるというのですか。

ニーチェ　私を見習いなさい。私に付いてきなさい。イエスは、それを言えなかったわなあ。

「私に付いてきなさい」と言ったら、みんな、「十字架《じゅうじか》」だからな。それは大変だわ。彼に付いていった人は、みんな、「十字架」か、「ライオンの餌《えさ》」なんだから、こんな指導者に付いていったら、大変なことになる。

高間　あなたに付いていったら、発狂《はっきょう》することになりますね。

ニーチェ　超人になるわ、超人に。スーパーマンだよ。君、スーパーマンになりなさい。

高間　「晩年、さみしく死んだ」というのが、あなたの人生ではないですか。

ニーチェ　「スーパーマンになりなさい」って言うんだよ。

高間　今、あなたの思想を振《ふ》り返ってみて、間違《まちが》いは一つもないのですか。

ニーチェ　「私の思想に間違いがあるか」って？
まあ、「あまりの天才として、この世に生まれたのが、〝場違い〟であった」ということはありえるかもしれない。

高間　あなたは、生前、「背後世界（あの世）はない」と言いました。しかし、今は、「ある」と言っています。すでに、矛盾《むじゅん》しているではないですか。

ニーチェ　いや、それは、既成《きせい》の教会宗教等の堕落《だらく》を見て、それを一刀両断しようとしていただけだ。認めた上で、少し、いじればよくなる程度のものならば、そうするけれども、その程度では駄目《だめ》で、〝雷《かみなり》〟を落としてやらなくてはいけないから、そういうふうに全面否定しているわけでね。まあ、君、レトリックだよ、レトリック。

高間　レトリックと言いつつ、あなたは、「障害者を断種せよ。殲滅《せんめつ》せよ」と、ヒトラーの思想のもとになることを書いていますよ。

ニーチェ　まあ、これは人間の本能だわな。実際、そうだろう。
あなたがただって、表向きは知らないよ、宗教をやってる人がいい格好をして言う分には知らないけど、現実に、医学的には、生まれる前に調査ができるんだろう？悪質の遺伝性の病気を持ってたら、医者が、「本当に産みますか。産むのをやめておいたらいかがですか」と言ってるんでしょう。別に、それは、良心に呵責《かしゃく》を覚えるようなことではなくて、遺伝学的に見てありえることだわな。

高間　遺伝的に障害がある人間には生きる意味がないのですか。

ニーチェ　まあ、そうは言わないけど、一生、すごい不幸で、長い不幸になりますよ。両親は、それまで生きることはできないだろうから、「そこまで考えた上で、お世話できる態勢までつくってお産みになるのですか」ということを考えねばいかんだろうねえ。

高間　それが、超人の「弱者に対するかかわり方」なのですか。

ニーチェ　君らが、「弱者に厳しく、強者に強い」と言われてるのと、非常によく似たところがあるわけだよ。だから、あまり批判しないほうがいいよ。

高間　われわれは、弱者を切り捨てるようなことは言っておりません。

ニーチェ　いや、そんなことはないよ。君ね、あまり、私をバカ扱《あつか》いしてはいけないんだよ。

酒井　バカだと思いますね。

ニーチェ　ロムニー（アメリカ大統領選挙の候補者。収録当時）が言っているように、下の五パーセントは切り捨てる思想だよ。

酒井　いや、あなたは、そもそも、イエス様を否定したり、「バカだ」と言ったりしているところが、バカですよ。

ニーチェ　イエスには、やはりバカなところがあるよ。

酒井　ソクラテスを「バカだ」と言っているところもバカです。

ニーチェ　やはり、バカなところはある。

酒井　「あなたが、自分のことを『バカだ』と分からないことがバカだ」というのが、ソクラテスの理論ですよ。

ニーチェ　うん？　「私がバカだ」というのは、それは「イエスがバカ」で、「ソクラテスがバカ」で、「吉田松陰《よしだしょういん》がバカだ」というのと一緒《いっしょ》なんだよ。

酒井　いや、自分のことを「バカだ」と思えない人間ほどバカな人間はいないのです。

ニーチェ　ハハハハハハ。

酒井　あなたは完璧《かんぺき》なのですか。

ニーチェ　この世的に見て、やってることがバカなんだよ。ものすごくバカだ。

酒井　あなたはバカではないのですか。

ニーチェ　私はバカじゃない。

ただ、体は病気になったからね。最後まで、「生への意欲」を貫《つらぬ》くことができなかったことは残念ではあるけども、それさえなければ、私は思想において、この世の帝王《ていおう》になったと思う。

「この世でエリートとして生き残ること」に終始するニーチェ

高間　あなたには、『善悪の彼岸《ひがん》』という本があります。

ニーチェ　あるね。君、少しは知っているんだ？

高間　「一切《いっさい》の善悪はない」というのが、あなたの主張ですけれども、それについては、今でもそう思っているのですか。

ニーチェ　君、「一切の善悪はない」という言い方には、日本語的曲解があるなあ。「一切の善悪がない」のではなくて、「一切の善悪は超越《ちょうえつ》してしまえる」だよ。それは神の立場なんだ。それを言いたいんだよ、私は。

高間　善悪を決めるのが神ではないのですか。それが、「神は死んだ」ということですか。

ニーチェ　いやいや。善悪を決めて、「おまえは悪」「おまえは善」と分けるような神は、まだ下の段階の神なんだよ。それは、まだ方便の神で、〝小学校の教師〟なんだ。

高間　では、本当の神は何をされるのですか。

ニーチェ　本当の神は、善悪をつくり、それを戦わせて遊んでいるのさ。それが本当の神なんだ。そういう神が、もう一段上にいるんだよ。

高間　本当の神から見たら、弱者は、どう扱われるべきですか。

ニーチェ　本当は善悪もないし、強者も弱者もないんだ。本当はないんだけども、そういう相対世界をつくって遊んどる神がいらっしゃるわけだな。

高間　その神と、キリスト教のイエスとは、どういう関係なのですか。

ニーチェ　キリスト教のイエスは「落ちこぼれ」です。ズバリ、「落ちこぼれ」です。

高間　「イエスは、神の独《ひと》り子だ」と、はっきり言われていますよ。

ニーチェ　君ねえ、『聖書』を正確に読みたまえよ。「羊飼いが、百匹《ぴき》の羊を率いていて、そのうちの一匹が群れから離《はな》れて谷底まで下りていったら、残りの九十九匹を残して、その一匹を探しに行くだろう」とイエスは言うとるよな。

君は、近代に、あるいは現代に、この思想が通じると思うかい？

高間　それが、慈悲《じひ》なのではないですか。

ニーチェ　これをやった人は、この世においては完全に弱者になる。

酒井　あなたの思想は、「この世だけ」ですね。

ニーチェ　そんなことはないよ。あの世も一緒だよ。

酒井　あなたは、あの世で苦しくないのですか。

ニーチェ　この世もあの世も一緒さ。

九十九匹を捨ててるうちに、狼《おおかみ》に食われるかも分からないんだから、羊番としては、その九十九匹を守る仕事がある。やはり、自分一人しかいなかったら、九十九匹を守って、一匹を捨てるべきだよな。それが現代の思想じゃないか。

酒井　「この世の思想」ですね。

ニーチェ　君たち、そうでなければ、この世では、エリートになれないよ。

酒井　あなたは、この世に比重を置いているのですか。

ニーチェ　その、はぐれた一匹を追いかけていったら、君たちがエリートとして生き残ることはない。

酒井　あなたは、この世に、もっとも興味があるわけですね。

ニーチェ　(笑)そんなことはない。少なくとも、君らほどではないよ。

酒井　それは、どういうことですか。

ニーチェ　君らは、この世に興味があるけど……。

酒井　しかし、あなたの理論は、この世の理論ですよね。

ニーチェ　私には、君らほど食欲がないし、君らほど性欲もないし、君らほど出世欲もないから、君らほど、この世的ではない。

酒井　イエス様を否定すること自体が、この世的ではないですか。

ニーチェ　「イエスは害毒を流した」ということを、誰《だれ》かが言わなければいけない。

あれは、パウロが引っ繰《く》り返して、そうとう強力な〝洗脳〟をかけたわけだから、そのことをクリスチャンは正しく知るべきだね。

ニーチェの認める「宗教」はゾロアスター教?

酒井　あなたの認める宗教は何ですか。

ニーチェ　認める宗教などないよ。

酒井　宗教を認めないのですか。

ニーチェ　まあ、あるとしたら、ツァラツストラ（ゾロアスター）の宗教が……。

酒井　「あるとしたら」というのは……。

ニーチェ　私が描いたツァラツストラの宗教は素晴らしい。

酒井　では、ゾロアスター自身のことは認めないのですか。

ニーチェ　「ゾロアスターが歴史上、どのくらいの人であったか」というのは、今の人たちには通じないからさ。それは、言うことはできない。
酒井　本人のことは認めないわけですか。
ニーチェ　私が書いたゾロアスターは、いい。
酒井　ゾロアスターと話したことはありますか。
ニーチェ　うん？
酒井　ゾロアスターと、あの世で話したことはありますか。
ニーチェ　わしは、よく分からないけど。
酒井　会ったことがないのですか。
ニーチェ　いや、「私がゾロアスターなのではないか」という気もするなあ。
酒井　よく分からないのに、あなたがゾロアスターなのですか。あなたは、全知全能なのに、それくらいのことが分からないのですか。

ニーチェ　うーん。何と言うか、もう一体化しているからさあ。

酒井　自分のことが分からないのですね。

ニーチェ　ゾロアスターは、こういう超人だったのではないかな。

酒井　あなたは、宗教を否定して、「それは弱者の考えだ」と言っていますよね。宗教は悪なんですよね。

ニーチェ　ゾロアスター教は、残っている文献《ぶんけん》によれば、善悪に対して、非常に鋭敏《えいびん》に分けるらしいがなあ。

「この世からあの世に渡《わた》るときに、人間は刃物の平たい面の上を歩いていく。悪を犯《おか》した者のときには刃物が立って、その者は真っ二つに割れて落ちる。いいことをした者のときには、そのまま歩ける」というような教えが遺《のこ》っているらしいけども、わしが感じるゾロアスター教というのは、そんな小さいものではないんだな。

酒井　あなたがゾロアスターだというなら、その、〝小さい〟思想を出したことになりますね。

ニーチェ　そういう遺っているものは……。
酒井　この世で、〝小さい〟思想を出したわけですね。
ニーチェ　まあ、方便としての小さな思想のところが遺っているのではないかとは思うがなあ。
酒井　はっきり言えないのですか。
ニーチェ　ああん？
酒井　自分で説いたのでしょう？
ニーチェ　まあ、私じゃないかと思うよ。ああいう文章を書ける人は、ほかにいないから。
酒井　つまり、あなたの思想は〝小さい〟のですね。
ニーチェ　あんた、何言ってんだよ。
酒井　今、あなたは、「残した思想は小さい」と、自分で言っていたではないですか。

ニーチェ　あんた、『ツァラツストラはかく語りき』を精読したか？
酒井　読んでもいません。
ニーチェ　そうだろう。君みたいに無学文盲《むがくもんもう》の人が言うんじゃないよ。
酒井　あなたの本を読んでも頭が痛いだけなのです。
ニーチェ　無学文盲なんだよ、君。
酒井　今日のために調べようとしたのですが、頭が痛くてしかたがありませんでした。
ニーチェ　本当は、頭が悪いだけなんだよ。
酒井　ああ、そういうことですか。
ニーチェ　私の本が分からないのは、単に頭が悪いんだ。
酒井　いや、あなたも頭が痛くなって亡《な》くなっていませんか。
ニーチェ　うん？　私は病気で……。

酒井　十年以上、そういう症状《しょうじょう》だったのではないですか。

ニーチェ　若いうちから頭を酷使《こくし》した場合は、そういうことがあるから、君たちも気をつけたほうがいいよ。酷使しすぎた場合は、ちょっと痛むからね。

ニヒリズムの〝克服法《こくふくほう》〟を饒舌《じょうぜつ》に語るニーチェ

高間　あなたの思想で今、流行《はや》っているものに、「ニヒリズム」という考え方がありますが、これについて、今、どう考えていますか。

ニーチェ　勘違《かんちが》いじゃないかなあ。ニヒリズムといったら、まるで、夢も希望もないみたいじゃないか。そんなふうに感じないか？

（高間に）それはもう、君の生き方そのものじゃないか。

高間　あなたは、「この世に意味がない」という意味で、「ニヒリズム」と言いましたよね。

ニーチェ　（高間に）君、この教団のなかではニヒリストだろう？

高間　いや、私は信仰者《しんこう》です。

ニーチェ　私は心が読めるんだからさあ。君はニヒリストだよ。

高間　あなたの読んでいる心は、偽物《にせもの》の心です。

ニーチェ　「俺《おれ》のように優秀《ゆうしゅう》な人間が、こんなに孤立《こりつ》しているとは、この教団はおかしい」と、君は思っているだろう。

高間　私の質問に答えてください。ニヒリズムとは、どういうことですか。

ニーチェ　うん、思っとる。

酒井　それは、彼の昔の話ですよ。

ニーチェ　うん？

酒井　古い話ですから。

ニーチェ　今もそうだよ。

酒井　違いますよ。

ニーチェ　ニヒリストだよ、こいつ。夢も希望もないよ。

酒井　質問に答えてください。

高間　この地上に生きている意味はあるのですか、ないのですか。

ニーチェ　能力を評価しない社会に対して、人は、牙《きば》を剝《む》くんだよ。

酒井　では、その考えについて、あなた自身はどう思いますか。

ニーチェ　（高間のことを）こいつ、牙を剝くぞ。気をつけろ。わしが指導霊《しどうれい》についたら、突如《とつじょ》、変身するぞ。

酒井　どうなるのですか。

ニーチェ　まあ、それは、「ガオーッ」と。

酒井　ということは、あなたは、悪い人ではないですか（会場笑）。

ニーチェ　いや、超人になる。

酒井「ガオーッ」という人なんですよね。

ニーチェ　超人になるわけだよ。突如、超人になる。

酒井　だったら、偉《えら》い人になるのではないですか。

ニーチェ　超人になって、君たちを指揮し始めるから。

酒井　それは、いいことではないですか。

ニーチェ　うん、いいことなんだよ。私は、いい人だよ。

酒井「気をつけろ」とは、どういうことですか。

ニーチェ「気をつけろ」というのは、つまり、「この人は、本質的には、こういう人ではないから、気をつけろ」と言っているんだ。

酒井　違いますよ。「あなたが指導霊についたら気をつけろ」ということでしょう?

ニーチェ　いや、ニヒリズムというのを、そういう……。
酒井　話をそらさないでください。
ニーチェ　「ニヒリズムを、周りから隔離《かくり》された弱いものだと思ったらいけない。ある日突然に、ニヒリズムと違うものに変わることがある」ということを言っているわけよ。
酒井　あなたは、そうなったわけですね。
ニーチェ　分かる？　人から理解されない人は、孤立しやすく、孤独になりやすいけれども、あるときに火がついて、変身し、超人へ変わることがあるんだ。
酒井　ああ、あなたの人生そのものですね。誰にも理解されなかったのですね。
ニーチェ　君たちに、こんな天才が理解できるわけがないでしょう。
酒井　みんなに、「天才ではない」と言われていたわけですか。
ニーチェ　君たちのような凡人《ぼんじん》に分かるわけがない。

酒井　「凡人だ」と思われていたのですか。大学で、誰も認めてくれなかったのですね。

ニーチェ　百年たっても、まだ理解できないんだからさ。そうだろう？

高間　どうすれば、孤独な人間が超人に変われるのですか。その方法論を教えてください。

ニーチェ　それは、君ねえ、一言で言って「勇気」だよ、「勇気」。

高間　どのように勇気を発揮するのですか。

ニーチェ　勇気は行動によって発揮するんだよ。

高間　あなたは、既存《きぞん》の宗教や価値観の枠《わく》を捨てることを、勇気と考えているのではないですか。

ニーチェ　崖《がけ》の上に上がって、ライオンのごとく吼《ほ》えるんだよ。「ウォー！」と吼えるんだ。そうしたら勇気が出てくる。

酒井　バカみたいな思想ですね。それがあなたの思想ですか。

ニーチェ　うん。吼えるんだよ。それを「孤独」と言う人もいるかもしれないが、「雄雄《おお》しい」と見る人もいるわけだ。

ニーチェは「世界一の怨念《おんねん》」を持って死んだのか

高間　道徳については、今、どのように考えていますか。

ニーチェ　まあ、道徳というのは……。

高間　あなたは、「道徳とは、弱者の詐術《さじゅつ》だ」という言い方をしていましたよね。

ニーチェ　エッヘッヘッ。

まあ、道徳といったら、あまりに小さくて、君らは、そのレベルでは我慢《がまん》できないでしょう？　日本にも道徳を説く人はいるんだろうから、それくらい、そっちへ訊《き》けよ。私には、道徳の教科書を書くほどの力はないのでね。

高間　あなたに、「ルサンチマン（怨念《おんねん》）」について、あらためて教えてほしくて訊いているのです。

ニーチェ　ほう、ルサンチマンと来たか。ちょっとインテリっぽいな。やっぱり、君はニヒリストだよ。
高間　いいえ、信仰者です。
酒井　あなたも、ニヒリストなのではないですか。
ニーチェ　（高間のことを）こいつは、ルサンチマンの塊《かたまり》だよ。
酒井　あなたも、そうでしょう。
ニーチェ　だから、「ルサンチマンとは何か」と訊きたければ、この人に、「あなたの人生観を語れ」と訊けばいい。それがルサンチマンだよ。
高間　あなたの考えるルサンチマンを説明してほしいのです。
ニーチェ　ルサンチマンというのは、あなたみたいに世に入れられずに、欲求不満がたまって生きている人間のことだよ。
高間　そこから、どうしたら出られるのですか。

ニーチェ　出ようがないだろうねえ。

高間　それでは、人間の努力や勤勉については、どうなるのですか。

ニーチェ　この世においては、認められないであろうね。ところが、あの世においては、〝天のいちばん上〟まで昇《のぼ》っていくんだよ。

高間　認められたことがないのは、あなたではないですか。

ニーチェ　私は認められていないわけではない。十分に認められましたよ。

酒井　要するに、今、言いたいことは、「怨念を持ち続けて死ぬと、あの世でいちばん高いところに行ける」ということですね。

ニーチェ　怨念というか、その怨念の量が、結局、飛躍距離《ひやくきょり》を示しているわけだ。

酒井　怨念をためにためると、高く上がれるのですか。

ニーチェ　どこまで高く上がれるか、怨念がジャンプ力になって現れるわけよ。怨念のない人間にはジャンプ力がないわけよ。要するに、現状に満足している人間にはジャンプ力がないわけだ。

酒井　あなたの怨念の量は、どれくらいだったのですか。

ニーチェ　どのくらいって、それは「世界一」だよ。

酒井　「世界一の怨念」を持って死んだのですか。

ニーチェ　まあ、そうだなあ。

酒井　だから、ジャンプして、〝いちばん高いところ〟に行けたわけですか。

ニーチェ　大哲学者《てつがくしゃ》、大天才として、世に認められつつも、そんなものでは、とても満足はできなかったですな。

酒井　やはり、「世界一の怨念」というのは、すごいですね。

ニーチェ　「私の、この普遍的《ふへん》で高貴なる真理が一パーセントも理解されていない」ということに対する悔《くや》しさは、やはり、ありましたなあ。

酒井　歴史上、あなたを上回る怨念を持って死んだ人はいないわけですね。

ニーチェ　私を上回る怨念を持って死んだ人が、歴史上にいるか。うーん。もう少し簡単に判定されて、理解されてる人が多いからね。ほかに、これだけ誤解された人がいるとすれば……。

でも、マルクスだって、ある意味では認められているしなあ。だから、私ほど怨念があるとは思えないなあ。

ヒトラーにインスピレーションを与《あた》えていた事実を明かす

高間　あなたは、「権力への意志」ということも言われていました。

ニーチェ　それはそうだよ。

高間　「権力への意志」と「ルサンチマン」とは、どう関係するのですか。

ニーチェ　「権力への意志」がなかったら、人間として生きていく意味はないだろう。

高間　権力を、どう行使するのですか。

ニーチェ　権力というのは、結局、人を従わせることだよ。多くの人を従わせることができるのは、それだけ力があるということだ。

高間　単純な支配欲と、どう違うのですか。

ニーチェ　それは、結局、「神に近い」ということを意味するんだ。神は、権力なんだよ。

酒井　ヒトラーは神に近いのですか。

ニーチェ　いちおう、神を目指したのではないかな。（手元の資料を見ながら）さっき言ってたけど、「ニーチェの思想とヒトラーの思想には関係がない。あるというのは誤解だ」とか書いてあるのは、間違いですよ。

酒井　それは間違いですか。

ニーチェ　ヒトラーは私の信奉者《しんぽうしゃ》ですよ。

酒井　信奉者ですか。

ニーチェ　当然でしょう。

酒井　ヒトラーは、霊界《れいかい》では、あなたと近い所にいるわけですか。

ニーチェ　ヒトラーは、私のÜbermensch《ユーバーメンシュ》（超人）の思想を、身をもって体現しようとしたわけですよ。

酒井　ああ。

ニーチェ　彼は、青年時代、売れない、二流、三流の画家でしょう？　画学生《ががくせい》でしょう？　ところが、ドイツ参謀《さんぼう》本部に軍人のエリートがたくさんいるなか、経歴も悪くて、「画家崩《くず》れ」というか、画家として成功しなかった男が、突如、あっという間に、最上階まで駆《か》け上《のぼ》っていって、ドイツ一国をまとめ上げ、第一次大戦の敗戦から立ち直らせた。さらに力が余って、全ヨーロッパをナポレオンのごとく、その傘下《さんか》に収めようとした。まさしく、彼は超人を目指して生きたんだよ。生き切ったんだよ。

酒井　多少は、あなたのインスピレーションが入っていたわけですね。

ニーチェ　多少も何も、一体化しているんだろうが。何を言ってるんだ。

酒井　さっき、「（ヒトラーとは）関係ない」と言っていたではないですか。

ニーチェ　まあ、関係ないんだけども……。

酒井　要するに、政治家で指導した相手というのは、ヒトラーのことですね。

ニーチェ　彼は政治家で、私は思想家だから、「関係ない」ということはないが……。

酒井　一体化しているのですね。

ニーチェ　まあ、つながっているときは、つながっている。思想というのは難しいものなんだよな。

酒井　ヒトラーは、あなたの意志に基《もと》づいて動いていたのですか。

ニーチェ　私は、先生だからね。言ってみれば、軍師なんだ。

酒井　あなたは、ユダヤ人をどう思いますか。

ニーチェ　ユダヤ人をどう思うか？　まあ、ユダヤ人には両面あるわなあ。
イエスを「偽者だ」と見破ったところは正しい。
しかしながら、国を失って、千九百年もさ迷い、さらにヒトラーに殺されても悟《さと》ることなく、シオニズム運動などで、ああして中東に国を建て、アラブやイスラム教との争いの種になり、また、中東の地を地獄《じごく》に引きずり込《こ》もうとしている。
そういう意味では、ユダヤ人は、早く抹殺《まっさつ》しておくべきであったので、ヒトラーは、実に正しかった。だから、逃《のが》したのが惜《お》しかった。全部捕《つか》まえて殺しておけば、この次の大戦は起きないよ。
酒井　アーリア人種が純血ではなくなったことについては、どうお考えですか。
ニーチェ　それは、私の思想とはズバッと重なるものではないけども。
酒井　ユダヤ人の血が混ざることを、どう思いますか。
ニーチェ　ユダヤ人は、歴史を見るかぎり、人類の攪乱《かくらん》要因だわな。
酒井　攪乱要因なのですか。

ニーチェ　うーん。人類種を攪乱しているし、神の意志を攪乱する要因であったと思うな。

酒井　ヒトラーのやったことは、「半分正しい」のでしょうか。

ニーチェ　いや、全部正しい。

酒井　全部ですか。

ニーチェ　全部正しい。うーん。もっと徹底《てってい》的にやらないとな。ユダヤ人を逃《に》がしてしまったところがいけない。アメリカとか、イギリスとか、ヨーロッパのほかの国とかに逃げたのがだいぶいた。もっと速攻《そっこう》をかけて一網打尽《いちもうだじん》にしなければいけなかったなあ。

酒井　あのインスピレーションは、あなたからだったのですね。

ニーチェ　さらに、中東辺にいたやつらも、全部しょっぴかなくてはいけなかった。

酒井　そうなのですか。

ニーチェ　ヒトラーが、あの仕事を全うできておれば、アラブには平和が続いておるし、今後、大きな核《かく》戦争は起きないだろう。だから、ヒトラーは正しかったんだよ。敗れたのが残念だったなあ。

4　ニーチェの「霊的本質《れいてき》」に迫《せま》る

病弱な自分を変えたいがための「超人《ちょうじん》思想」？

金澤　「あなたの思想がどこから出てきたのか」を教えていただきたいと思います。

ニーチェ　（金澤に）うーん、俺《おれ》、女性に弱いんだなあ。

金澤　そうですか（笑）。

ニーチェ　最近、会わないからさ。

金澤　そうなのですね。

ところで、あなたは、子供のころから、激しい頭痛や胃痛などに悩《なや》まされ、健康上の問題を抱《かか》えていたと聞いています。

ニーチェ　細かいことを知ってるんだねえ。

金澤　はい。お亡《な》くなりになるまで、ずっと病気がちだったようですね。

ニーチェ　そんなこと言ったら、なんか、一生、病気だったみたいで、すごいじゃないですか。

金澤　ええ、そういう意味では、「弱者」であるような気もします。

ニーチェ　私が？

金澤　はい。先ほど、思想のなかでは、「弱者を切り捨てる」と言っておられましたが、それは、自己否定のように思えます。

ニーチェ　いや、私は思想で克服《こくふく》しようとしたのよ。

客観的に見れば、自分自身には、ひ弱なところがあったとは思うけども、ひ弱な者が、ひ弱なままで生きて、それで終わりであれば、それまでのことだろう？

しかし、思想には人間を変える力があるんだよな。それは、「私が、軍人とか、政治家とかになる」という意味ではないよ。私自身は、そういう「恵《めぐ》まれた資質を持っていて、体力的にも、経歴的にも、そちらのほうの人だった」というわけではなく、学者であったから、そちらのほうでは無理だったけど、少なくとも、「思想界においては、強靱《きょうじん》な精神力を持った、強い思想家になりたい」という欲を持っていたし、それが、私なりの超人《ちょうじん》のあり方だな。

だから、人は、超人になることによって救われる。そういう、ひ弱な体や病弱な体を持っていても、強く強靱な思想を持てば、人は救われて、神のごとき存在になれる。これは、〝救いの思想〟なんだよ、君。

金澤　要するに、さまざまにあった自分の苦しみを乗り越《こ》えようとして……。

ニーチェ　君らも同じようなことを言っているじゃないか。〝invincible《インヴィンシブル》 thinking《スィンキング》〟とか言ってるんだろう。これは、〝常勝思考〟だ。

「シュタイナーによる過去世《かこぜ》についての霊査《れいさ》」を否定する

金澤　ええ。それで、子供のころから虚弱《きょじゃく》というか、病気がちであったというのは……。
ニーチェ　君、なんか幼少時を、やたら言うね。
金澤　いや、あなたの思想が、どこから来たのかを……。
ニーチェ　いや、晩年、病気だったことは認めるけどもね。
金澤　ええ、なぜ、こういうことを訊《き》くかといえば……。
ニーチェ「小さいころから、そうだった」というと、なんか、ずいぶん病《や》んでいたような感じがするじゃない。
金澤　しゃべらせてください。
ニーチェ　ああ（会場笑）。はいはい。
金澤　同時代人のシュタイナーが、あなたのお見舞《みま》いに行ったわけですが、彼は霊能《れいのう》者《しゃ》だったので……。
ニーチェ　そうだなあ。

金澤　あなたの過去世《かこぜ》が、「苦行《くぎょう》をやりすぎた修道士」と見えたようなのです。ひょっとしたら、あなたは、過去世で苦行をやりすぎ、苦しまれた結果、宗教が嫌《いや》になったり、今世《こんぜ》には病弱な体になったりして、それで、そういう思想になったのではないですか。

ニーチェ　アッハッハッハッハッハ！　おのれ、シュタイナーめ（会場笑）。ろくでもないことを。しゃべりすぎなんだよ。

金澤　あなたは、もともと宗教的な魂《たましい》だったのではないでしょうか。

ニーチェ　あいつは、いったい何冊、本を書いたんだ。何千回も講演して、あることないこと、しゃべって、しゃべって、思いつくかぎり、しゃべってるんだよ。あれこそ、もう一回、点検したほうがいいぞ（注。シュタイナーについては、二〇一〇年五月二十七日に、一度、霊言《れいげん》を収録している。前掲《ぜんけい》『霊性《れいせい》と教育』参照）。どんなインスピレーションを受けているか、分からないからな。

金澤　それでは、「過去世で修道士だった」という話は間違《まちが》いなのですね。

ニーチェ　いや、過去世では、ツァラツストラだったんじゃないか?
金澤　いずれにしても、宗教をやっていたのですね。
ニーチェ　しかも、修行者《しゅぎょう》だわな。山場で修行しておったからね。

生前、「転生輪廻《てんしょうりんね》思想」を受け入れていたのか

金澤　先ほど、キリスト教について、ご批判されていましたよね。
ニーチェ　間違ってるところがあるから、キリスト教も正直に反省すべきだよ。もう、二十一世紀になったんだからさ。
金澤　何か恨《うら》みでもあるのですか。例えば、「自分がライオンに食べられてしまった」とか。
ニーチェ　「自分がライオンに食べられた」って、なんていうことを言ってるんだ。私は、ライオンを食べるのが……。

金澤　食べるほうですか。

ニーチェ　まあ、私ら西洋の人間は、「転生輪廻《てんしょうりんね》の思想」になんて関心がないからさ。君らが前提としている思想は、そんな簡単に受け入れるわけにはいかんよ。

ただ、「フィクションとして、そういうものも面白《おもしろ》い」と考えた上で、当時、私が生まれているとしたら、ライオンに食われるよりは、ライオンに食わせるほうになりたいわなあ。「選べ」と言うんだったら、ネロかカリギュラにでもなりたいよ。

金澤　そうですか。転生輪廻については、全然信じていなかったのですね。

ニーチェ　別に、こちらには、そんな思想はないからね。

ショーペンハウアー（近代ドイツの哲学者《てつがくしゃ》）には、ちょっと、そんな気《け》があったかもしれないなあ。

金澤　しかし、あなたは、ワーグナー夫人《ふじん》のコジマという方に手紙を出して……。

ニーチェ　細かいなあ。

金澤　「私は、インドに居たころは仏陀《ぶっだ》だったし、ギリシャではディオニュソス（ギリシャ神話に登場する豊穣《ほうじょう》と酒の神）だった。アレクサンドロス大王とカエサルは私の化身《けしん》だ」と書いておられたようなので、てっきり転生輪廻を信じているのかと思ったのです。

ニーチェ　うるせえなあ（会場笑）。

ディオニュソスについては、医者に、しゃべったかなあ。

まあ、ギリシャ的精神には、少し触《ふ》れたよ。若いころの勉強で、古典学としてのギリシャ学をやったからね。だから、ギリシャの宗教に全然無縁《むえん》なわけではない。

ギリシャの神様がたについては、文献学的《ぶんけんがく》にも、きっちり勉強しているし、それが全部嘘《うそ》だとは思っていないから、「昔の英雄《えいゆう》なり、傑出《けっしゅつ》した人なり、いろいろな人がいたんだろう」というぐらいには思っているよ。だから、「自分に、どんなのが似てるかな」と比肩《ひけん》することはあるさ。

でも、ディオニュソスというのは、どちらかと言えば、ちゃらんぽらんだぜ。

キリスト教の「愛の教え」を受け付けないニーチェ

金澤　キリスト教の話に戻《もど》りますが、キリスト教で説かれている代表的な教えとして、「愛の教え」「愛の心」「許す心」「助け合い」……。

ニーチェ　あー、もう嘘つきには耐《た》えられない。私は、どうしても耐えることができない。

金澤　どうして、そんなことを言うのですか。

ニーチェ　ああ、もう耐えられない。

金澤　愛は嫌《きら》いですか。

ニーチェ　まったくの嘘つきじゃない？　いや、いいよ。それを実践《じっせん》したら偉《えら》いよ。だけど、キリスト教徒たちが、二千年間やってきたことを見てごらんよ。まったく正反対なことをやってるじゃないか。「その木が、いい木か悪い木かは、果実を見て判断せよ」と、イエスも述べておるんだろう？　だから、「愛の教え」や「許しの教え」を実践しているんなら大したもんだ。でも、やったことは何なんだよ。宗教戦争をやって、人殺しをやって、さらにまだ力が余ってしまって、中東のエルサレムまで行って、十字軍と称《しょう》して、民間人から軍人まで、殺して、殺して、殺して、殺しまくっている。

これが、神の思想か？　これが、「上着を取られたら下着も与《あた》えよ」と言った人の思想か？　これが、「右の頰《ほお》を打たれたら左の頰を向けよ」だったか、「左の頰を打たれたら右の頰を向けよ」だったか忘れたけど、それを言った人の思想かね？　全然、合っていないよ。「果実」を見たら、「この思想は嘘だ」ということが分かるじゃないか。

金澤　確かに、宗教戦争は醜《みにく》いものだと思います。

ニーチェ　醜いよ。イエスがいなければ、あんなものはなかったんだよ。

金澤　しかし、それは、イエスのおっしゃったことではなく、小さな人間心で教えを誤解して、やってしまったことなのです。

ニーチェ　いや、イエスに対して、そういう弁明が通じるのなら、私にだって同じことが言えるのよ。

（酒井に対して）さっき、この〝役者〟が言うとったけど、「ニーチェの思想のいいところだけをつかみ取って、ヒトラーがまねをして、自分の権威付《けんいい》けに利用したのだ」というのは、まったく同じ構造だ。そういう言い方は、いくらでもできるんだよ。

酒井　あなたは、自分で、「そうだ」と言ったではないですか。

ニーチェ　まあ、そうだけどな。だから、イエスをちゃんと尋問《じんもん》しなさい。

（酒井に）あんただって、ピラトか誰《だれ》かの生まれ変わりかも分からないじゃない？

酒井　勝手に決めないでください。

ニーチェ　分からないよ。イエスを尋問して、「十字架《じゅうじか》に架けろ」とか、「鞭打《むちう》ちにしろ」とか言ったのは、あんたかもしれないじゃない？　なんとなく、そんな顔してるもん。

酒井　（苦笑）

悪魔《あくま》ベルゼベフとの関係をほのめかす

金澤　それでは、あと二つほど、手短《てみじか》に教えてください。あなたは、『アンチクリスト（反キリスト者）』などの、いろいろな本を……。

ニーチェ　ああ、『アンチクリスト』な。

金澤　霊感によって書かれたと聞いています。

ニーチェ　まあ、世紀末というか、そういう区切りが、キリスト教でも大きくは千年単位で起きるんだよな。だから、九〇〇年代にも世紀末思想みたいなのが、ガッと起きてきているし、二十世紀のほうは、一八〇〇年代の終わりぐらいから世紀末思想みたいなのが、そうとう強くて、「これで終わるか」、あるいは、「二十世紀で終わるか」という感じがあった。まあ、今みたいに、そんなに年代が、はっきりしたものではないから、「われわれの生きている一八〇〇年代に、世紀末が来るのではないか」という思想は、けっこう蔓延《まんえん》していたんだ。「一九〇〇」という数字を見れば、「このへんあたりに世の終わりが来るのではないか」という感じはあったよな。
だから、そういうときに、キリストも生まれ変わるかもしれないし、反キリストも出てくるかもしれない。まあ、そういう両方の目で世の中を見なくてはいけないところはあったわな。

金澤　その本は、いったい、どなたからのインスピレーションを受けて書いていたのですか。

ニーチェ　「どなたからのインスピレーションを受けたか」って？

金澤　どこかからインスピレーションが来ていたと思うのですけれども。

ニーチェ　だから、「ユダヤ人が、イエスを『キリスト』、つまり、『救世主』と認めていなくて、しかも、救世主は、いずれ光る雲に乗って、世の終わりに現れてくる」というのであれば、そして、「十九世紀が、その世の終わりである」というならば……。
だって、そうだよ。実際に、そのあと、第一次大戦と第二次大戦とがあったわけで、二十世紀は「戦争の世紀」だよな。はっきり言えば、これはもう、「世の終わり」だよ。原子爆弾《ばくだん》まで落ちたんだよなあ。

だから、「世の終わりの前に救世主が現れねばならない」というのであれば、ちょうど、私が、〝ぴったしカンカン〟で、救世主に当たってもいいんだ。

金澤　ご自分が神であるわけですね。

ニーチェ　うん、まあ、そうだなあ。「救うために生まれた」ということだなあ。

酒井　だけど、「神は死んだ」のですから、あなたは、「いない」ということです。

ニーチェ　いや、私が死んだから、神は死んだんだ。神は死んだから、私は死んだ。ま、同じかな。うん、同義かなあ。

金澤　ルシフェル（ルシファー）という霊人《れいじん》はご存じですか。

ニーチェ　シュタイナーのほうが、よく知ってるよ。あいつは、友達なんだろう?

金澤　それでは、ベルゼベフ（キリスト教系の悪魔《あくま》）という霊人はご存じですか。インスピレーションをもらっていたことはないですか。

ニーチェ　この女、なんだか、うるせえなあ。ちょっと、うるさくねえか。

酒井　いや、全然、そんなことないですよ。

ニーチェ　あんた的には、嫌な感じしない？

酒井　しないです。

ニーチェ　一緒《いっしょ》に住める？　こんな人と。

酒井　あなたは住めないのですか。

ニーチェ　なんか、小姑《こじゅうと》みたいで、うるせえなあ。

金澤　小姑ですみません。要するに、「知っているのか、知らないのか」だけ、教えてほしいのですけれども。

酒井　それくらい答えてください。

ニーチェ　うーん。

酒井　仲がいいのですね？

ニーチェ　うーん。

酒井　もしかして、ご本人ですか。

ニーチェ　な、何を言ってるんだよ。「本人」ということはないだろう。向こうは、忙《いそが》しい方なんだからさあ。

金澤　忙しい方？

ニーチェ　ああ、忙しい方だよ。

金澤　あなたは、弟子《でし》ですか。

ニーチェ　いや、世界を飛び回っていらっしゃるからさあ。

酒井　その弟子筋ですか。

ニーチェ　あちらには、羽が生えてるんだよ。

酒井　あなたには生えていないのですか。

ニーチェ　本当に〝黒々〟とした立派な羽が生えていて、全世界を股《また》に掛《か》けて活動されていらっしゃるからね。

　私は哲学者だろう？　哲学者は、基本的には、書斎《しょさい》の人なんだよ。だから、一カ所で思想を深めるのが得意で、あえて、ツァラツストラになぞらえて言えば、私は、洞《どう》窟《くつ》のなかで思想を編むのを得意としている。

酒井　今の書斎は「洞窟」ですか。

ニーチェ　まあ、これは、ちょっとした骨董趣味《こっとうしゅみ》というか、古風な趣味なんだよ。

　君らのように、近代的な箱のなかに入りたい人もいるだろうけども、私は、四角い箱が、そんなに好きではないんだよな。もう少し、自然の造形が入った、瞑想《めいそう》的な所が好きなので、そういう意味では、岩場みたいな所が好きだね。

酒井　電気は通っていないのですか。

ニーチェ　電気は必要ないな。
酒井　なぜですか。
ニーチェ　なぜなら、私は〝智慧《ちえ》の光〟だからだ。
酒井　光っているわけですか。
ニーチェ　すべてを見通すことができるんだよ。
酒井　文字を書くときには、ちゃんと見えるのですか。
ニーチェ　もう、見えて、見えて、丸見えよ。スカートなんか、はいたって無駄《むだ》だよ。丸見えなんだからさあ。
酒井　それでは変態ですよ。
ニーチェ　そうだねえ。こういう譬《たと》えはやめよう。よろしくない、うん。

「活字から入ってくる悪魔《あくま》」とは、ニーチェのことか

金澤　「現代の悪魔《あくま》は活字から入ってくる」という言葉があるのですけれども……。

ニーチェ　うーん。いやあ、それは、シュタイナー（の言葉）じゃない？

金澤　ええ、そうです。よくご存じで。

ニーチェ　あいつ……。

金澤　あなたのことをおっしゃっているのですが、これに対して、何か……。

ニーチェ　断定したな。個人のことかどうか、分からないじゃないか。

酒井　でも、シュタイナーは、あなたを見て、そうおっしゃったのですから。

ニーチェ　（舌打ち）シュタイナーを引っ張ってこい！

酒井　あなたが全知全能なのであれば、会えるのではないですか。

ニーチェ　ああ？　引っ張ってこいよ。

酒井　あなたが神様だったら。
ニーチェ　いや、私は孤高《ここう》の人だからさあ、瞑想してるからさあ。
酒井　今の質問に答えてください。
ニーチェ　何、何、何を答えりゃいいの？　うん？　何、何？
酒井　ジャーナリズムに対し、活字を通して……。
ニーチェ　私は、別にジャーナリストじゃないけど、まあ、「本を書いていた」ということでしょう。
　月刊「ルシファー」を出してたのは、シュタイナーなんだからさあ、そんなの、私じゃないよ。
金澤　分かりました。結構です。

死後、妹に取り憑《つ》いて、著作を出版させた

金澤　実際に、あなたの著作物を世界に送り出したのは、あなたの妹のエリーザベトという方なのですが……。
ニーチェ　あんた細かいなあ。
金澤　すみません（会場笑）。それで……。
ニーチェ　日本人は、そんな細かかったらいけないよ。
金澤　あなたの妹が、多少、いろいろと思想を曲げたところもあったようですが、彼女のおかげで、あなたの思想が広まりました。
ニーチェ　君たちねえ、日独防共協定を結んだの、知らないのか。
金澤　いや、何が訊きたいかと言うと、あなたがお亡くなりになってから、自分の妹さんにインスピレーションを送って、その「悪魔の思想」を活字にさせ、世界にばら

撒《ま》いたのかなという……。

ニーチェ　インスピレーションなんか送るわけないでしょう。そらあ、取り憑《つ》いてたんだよ。

金澤　取り憑いていた？　やはり、妹さんに取り憑いて、自分の思想を世界に広めさせたのですね。

ニーチェ　まあ、そらあ……。そういうあれじゃないけど、それは、悪い言い方だよな。だから……。

金澤　でも、「取り憑いていた」と、今、おっしゃいましたけど（笑）。

ニーチェ　「〝正しい思想〟を、できるだけ一人でも多くの人に読んでもらいたい」っていうのは、あなたがたが、「本を読んでもらいたい」って思うのと、ほとんど同じことであるからしてね。

「神をギロチンにかけたのはカントだ」という言い逃《のが》れ

金澤　どちらにしても、「神は死んだ」という言葉は、私たちの立場から言えば……。

ニーチェ　神は死んで、ニーチェが生まれたわけよ。そういうことなんだよ。

金澤　いいえ、違います。あなたは、「真実の神」をギロチンにかけたんですよ。

ニーチェ　違う、違う、違う、違う、違う、違う……。

金澤　それについては、深く反省していただきたいと思います。

ニーチェ　いや、いや、そんなことない。（神を）ギロチンにかけたのは、カントから始まっとるんだ。私は、その最後の集大成なんだよな。

金澤　いいえ、違います。

ニーチェ　カントは、もうすでに神をギロチンにかけてるんだよ。

金澤　カントは、ちゃんと……。

ニーチェ　それで、フランス革命も起きたんだ。

やはり、「反省」や「愛」を否定するニーチェ

酒井　あなたは、すぐ人のせいにしますね。
ニーチェ　あんた、自分もそういう性格を持ってるくせに、よく言うね。
酒井　いや、自己責任はありますよ。
ニーチェ　あんた、人の悪口ばっかり、ずーっと言ってるくせに、よく言うじゃん。
ああ？
酒井　ただ、あなたのほうが、ひどいのではないですか。すぐに人のせいにしているではないですか。
ニーチェ　そんなことはないですよ。
酒井　反省ということは知っていますか。

ニーチェ　私は〝神〟ですから。

酒井　反省は好きですか。

ニーチェ　「神に反省を迫《せま》る」っていうのは、悪魔だよ、君。

酒井　神は反省しなくていい？

ニーチェ　神に反省を迫るなんて、聞いたことがない。

酒井　あなたは、愛も否定していたでしょう？

ニーチェ　え？　嘘だから、それを否定し、批判したんであって……。

酒井　では、愛という概念《がいねん》自体は、どうですか。

ニーチェ　そりゃ、愛を実践すりゃあいいですよ、そのとおりに。

酒井　愛とか、許しとか。

ニーチェ　クリスチャンが、そのとおりやってくださるんなら、別に私は、「正しい教えだ」と認めますよ。

酒井　あなたは、どうなんですか。

ニーチェ　だけど、クリスチャンは、その反対のことばっかりやって……。

酒井　また人のせいにする。

ニーチェ　人殺しの歴史じゃないですか。

酒井　あなたは、愛や許しを実践したのですか。

ニーチェ　私は、少なくとも、クリスチャンほど人を殺してませんから。

酒井　いや、愛とか、許しとか、反省とかを実践したのですか。

ニーチェ　え？　愛とか許し？　私はねえ、もう思想を練るのに忙しかったのよ。
学問って、時間がかかるんだよ、君。

神の本質についての「レプタリアン的な思想」

酒井　神の本質は何ですか。

ニーチェ　神の本質っていうのはねえ、それはもちろん、智慧ですよ。

酒井　智慧ですか。愛や反省はないのですか。

ニーチェ　智慧であり、智慧が「力」に転化するときに、神は、その正体を現すんだよ。

酒井　レプタリアン（爬虫類《はちゅうるい》型宇宙人）みたいな思想ですね。

ニーチェ　そんな、レプタリアンって君、変な言葉を使ったね、今。

酒井　なぜ変なのですか。

ニーチェ　レプタリアンって、君、意味が分かってるのかね、え？

酒井　あなたは知っているのですか。

ニーチェ　レプタリアンって何だね。

酒井　爬虫類ですよ。

ニーチェ　だろ？　世界の哲学者が、なんで爬虫類なんだよ、君。それを説明したまえよ。

酒井　知らないのですか。

ニーチェ　うん？　うん？　少なくとも、うちの学生になるだけの資格はないな、知力的に見て。

酒井　あなたの範疇《はんちゅう》でないのであれば、それについては結構です。

ニーチェ　別に、私は動物学を教えてるわけじゃないんだがなあ。

ホーキング博士にインスピレーションを送っているのか

金澤　現代に、ホーキング博士という科学者がいらっしゃるのですが……。

ニーチェ　ふうん。

金澤　この方に、何かインスピレーションを送って指導していませんか。

ニーチェ　ホーキングねえ。

金澤　ご存じですか。

ニーチェ　うーん、ホーキングねえ。なんか、車椅子《いす》のフニャフニャッとした人な。

金澤　そうです。この人に、何かインスピレーションを送ったり、関係したりはしていますか。

ニーチェ　わしは、直接は関係ない。

金澤　関係はないのですね。

ニーチェ　うーん。

金澤　分かりました。

ニーチェ　よう知っとるだろ？　あんたがたが知ってる「地獄《じごく》に堕《お》ちてる人」っていうのは、この世のことを知らないじゃない？　私は、死後、ずーっと、百何十年……、百十二年間のことを、ちゃんと知ってるんだ。

金澤　よくご存じですね。どこから情報を……。

酒井　それは、あなたは悪魔だということですね。

ニーチェ　そらもう、天使だよ。

酒井　それは、悪魔だということなんです。

ニーチェ　天使だっていうことだよ。

「アーリマン」の話題に触《ふ》れると急に弱くなるニーチェ

酒井　ところで、カンダハールという方は知っていますか（注。宇宙の邪神《じゃしん》が使っている司令官〔悪魔〕の一人。『宇宙人による地球侵略《しんりゃく》はあるのか』〔幸福の科学出版刊〕参照）。

ニーチェ　知らんな。それは地名だよ。君、何言ってるんだ。

酒井　ああ、地名。

ニーチェ　カンダハールっていうのは、地名なんだ。中東の地名なんだよ。

酒井　でも、アーリマンについては、何か少し知っていましたよね。

ニーチェ　アーリマンというのは、思想的にちょっと問題があるんだよ。まあ、いろいろとな。君、やばいことを言うなあ。ちょっと、そのへんはうっとうしい。誤解を招く恐《おそ》れがあるから、もっと言葉を選ばないといかん。アーリマンというのは、一つの象徴《しょうちょう》だからね。ま、言葉としての遊びだ。うん。言葉の遊びなんだよ。

酒井　アーリマンのところで、あなたは急に弱くなりますね。

ニーチェ　だからさあ、それはねえ、ゾロアスター教にいう悪魔のことだからさあ。アーリマンっつうのは、ゾロアスター教でいう悪魔のことなんだよ。まあ、そういうことなんだよ。

だけど、私は、そうじゃなくて、〝光の神〟のほうだからな、どちらかと言えばな。

酒井　あなたがアーリマンではないのですか。

ニーチェ　いやいやいや、やっぱり〝オーラ・マズダ〟のほうだな。
私は〝光〟だから。

5 「超人《ちょうじん》思想」で幸福になれるのか

ニーチェの幸福は、哲学者《てつがくしゃ》として〝実績〟を残せたこと？

村田 いろいろ、お話をお聴《き》きしたのですが……。

ニーチェ 嫌《いや》な顔してるなあ。ニタニタ笑いながら、心のなかで腹黒いことを計画して、私を引っ掛《か》けるつもりでいるんだろ？

村田 正直なところをお訊《き》きしたいのですけれども。

ニーチェ その、目を細めて笑う、笑い方は、私は、どうも嫌《きら》いなんだけどな。こういう人って（会場笑）。

村田 （笑）そんなふうに言わないでください。

ニーチェ　あまり正直なことがないからさあ。

村田　いや、本当に正直に訊きたいのです。

ニーチェ　なんか、最後に引っ掛けるつもりでいることが多いんだよなあ。

村田　あなたは、ご自分の生前の人生を振《ふ》り返って、幸福でしたか。

ニーチェ　うーん、すごい質問だな。牧師さんかね？　困るんだよなあ。なんか、死ぬ前に、「あなたは幸福でしたか、懺悔《ざんげ》することはありませんか」なんて訊かれてるような感じがするなあ。

村田　正直にお答えください。

ニーチェ　まあ、最後のほうは、考える力がなかったのか、さすがに悩乱《のうらん》したので、よく分からなかったけど、まあ、哲学者《てつがくしゃ》として、ある程度の業績を残した点については、幸福だったんじゃないかなあ。

村田　業績を残した？

ニーチェ　早くして認められたことは、幸福だったと思うな、うん。

「超人《ちょうじん》思想」が十分に広がらなかったのを残念に思っている

村田　業績以外のところで見ると、どうですか。

ニーチェ　うーん、業績以外……。私は、もう学問への情熱のとりこだったからねえ。それ以外は、ほとんど考えなかったからねえ。

村田　そういうものをすべて捨て去って、一個の人間として見たときに、どうですか。

ニーチェ　一個の人間として見たときに？　幸福だったか？　うーん、そんな考え方があるのか。それは、君らの軟弱《なんじゃく》な宗教の基本思想だな、きっとな。

村田　軟弱かどうかは別にして、いかがでしょうか。

ニーチェ　君ねえ、「幸福か幸福でないかで、世界を二分法的に分類できる」と思ってるところが、哲学的な浅さなんだよな。そんな甘《あま》いもんじゃないんだよ。

村田　そんなたいそうな議論をしているのではないのです。
ニーチェ　「幸福・不幸なんて、そんな単純なもんじゃないんだ」っつうことだな。
村田　そんなたいそうな議論をしているのではなくて、「あなたは、自分の人生を振り返って、どう感じられますか」ということだけなんですけど。
ニーチェ　そうだねえ、まあ、「超人《ちょうじん》の思想」をもっと広げたかったねえ。だから、十分に広がらなかったところが残念ではあるけど、まあ、日本にまで翻訳《ほんやく》されて、同時代に多くの人に読まれたってことは、よかったんじゃないかな。うん。もっともっと、超人を輩出《はいしゅつ》させたかったたね。
　君ねえ、これは民主主義の最高峰《さいこうほう》なんだよ。神があって、人間は奴隷《どれい》階級みたいなかたちで、もうほんとに苦しみ、労働という罰《ばつ》を受けて、長年、暮らしてきた。「神が上のほうにいて、はるかにいい所で、もう葡萄酒《ぶどうしゅ》を飲んで、パンを食って、機嫌《きげん》よく生きてる」と、こういう世界観のなかで、「人間だって、超人になれて、神を超《こ》えられる」という思想を説いた。

「民主主義は、人類最高の思想で、人類は行き着くところまで行き着いたから、これ以上の進化はない」という人も、今、いるけども、その先にある世界を示したのは、私なんだよ。

民主主義の先にあるものは何かというと、「個人個人が超人になって、神を超える。すなわち、数多くの神を、この世から生み出していく」ということだ。これが民主主義の先にある思想なんだよなあ。

酒井　そのための原動力が、先ほど言っていた「怨念《おんねん》の量」ですよね。

ニーチェ　怨念と……、私は、日本語は、そんなに十分に分からないから、あれですけど……。

酒井　「ルサンチマンの量」ですよね。

ニーチェ　基本的に、やっぱり情熱だよな、それは。

酒井　さっきと話が変わっていますね。

ニーチェ　うん。まあ、「権力への情熱」だ。あるいは、自己実現という、きれいな言葉があったよ。

酒井　先ほど、「神になるために、自分は、ルサンチマンの量が世界一多い」と言っていたではないですか。

イエスに対する激しい「ライバル意識」

ニーチェ　ルサンチマンっていうことを考えると、イエスだって、ルサンチマンの塊《かたまり》じゃねえか。

あんたがさあ、二千年前にイスラエルに生まれたとしようか。そして、神の声が聴こえて、自分は救世主だと自覚を持った。神が「エルサレムへ行け」と言ったので、ロバに乗ってヒョコヒョコと入った。弟子《でし》たちは、「奇跡《きせき》を起こすものだ」と期待して見てたが、みんな裏切って逃《に》げおって、自分は捕《つか》まって十字架《じゅうじか》に架かって死んだ。神は助けてくれなかった。

ルサンチマンの塊になるだろうが。ああ？

酒井　あなたは、イエス様に対して恨《うら》みを持っていますよね。

ニーチェ　まあ、ちょっと……。いや、恨みじゃない、これはライバル意識かな。

酒井　実は、その場にいたのでは？

ニーチェ　ライバル意識だな。三十三年か知らんけども、あの程度の人生で、あの程度の業績を残して、あんなに、神に次ぐ人間のような尊敬を受けるってこと自体、ちょっと納得《なっとく》がいかないよなあ。

酒井　実際に見てきたような感じですね。当時、いたのではないですか。

ニーチェ　ええ？　納得がいかないなあ。それなら、私のほうがよっぽどいい。実績がある。

酒井　なぜ、あなたのほうがよかったのですか。

ニーチェ　だって、もうすでに世の中を変えたからさあ。

酒井　何をしたのですか。

ニーチェ　世の中を変えて、ドイツを強国に変えたじゃない。
酒井　いやいや、イエス様の当時にです。
ニーチェ　うん？　イエスの当時？　だから、転生輪廻《てんしょうりんね》の思想は西洋のほうに入っとらんのだって……。まあ、ちょっと入ってるか。さっき、ばらされたからしょうがねえがな、ちょっとは入ってるけども、まあ、私……。
（舌打ち）うるせえな、おめえ、やっぱり。
酒井　「おめえ」とか言わないでくださいよ（笑）（会場笑）。ちょっと、さっきのインテリの感じが……。
ニーチェ　まあ、カヤパ（イエスの処刑《しょけい》前の審問《しんもん》を行ったユダヤの大祭司）か、なんか、そんなんだろ？
酒井　あなたは誰《だれ》だったのですか。
ニーチェ　ああ？　おまえはなんか、イエスに……。

酒井　だんだんヤクザっぽくなっていますよ（会場笑）。

ニーチェ　イエスに死刑《しけい》宣告をしたのは、おめえだろうが。

「裏切りのユダ」を高く評価するニーチェ

金澤　イエス様を否定され、「自分のほうがよかった」と言われていましたが、ユダについては、どう思っていますか。

ニーチェ　ユダか。ユダねえ。ユダ。まあ、ユダはねえ、イエスをほんとの救世主にしたかったんじゃないかなあ。つまり、政治革命家として、独立戦争を起こさせる、そういうリーダーにしたかったんじゃないかなあ。

金澤　ユダは評価するのですね。

ニーチェ　うん。ユダは、イエスを愛してたんだよ。

酒井　では、あなたの過去世《かこぜ》は、ユダにお金を渡《わた》した人？

ニーチェ　だから、お金をちゃんと投げ返してるじゃん、ユダは。

酒井　いや、あなたが。

ニーチェ　え？　何、何？　私？　私が何？　お金をもらった？　出したの？　うん？

酒井　いや、出したほうではないのですか。

ニーチェ　いや、それは、あんただろうが。

酒井　どうして、私が（苦笑）。さっきから、あなたは、ずいぶん、いいかげんなことを言っていますね。

ニーチェの過去世《かこぜ》は、イエス時代の関係者？

ニーチェ　あんたが、イエスに死刑判決を出したんじゃないの？

酒井　違《ちが》いますよ。

ニーチェ　あんただろうが。嫉妬《しっと》したんだろ？　嫉妬して、もう……。

酒井　それは、もしかして、あなたではないですか。

ニーチェ　あんただろう。何言ってるんだ。え？　ああいう「裁きの人」だよな。私は、そんな裁きの人じゃ……。

酒井　あなたは裁かないのですか。

ニーチェ　私は超人を目指してるからさあ。

酒井　あなたは、もしかしたら、イエス様を裁いたのではないですか。

ニーチェ　そんなことはない。そんな、ちんけな思想じゃないの。

転生輪廻の思想っていうのが、ほんとにあるとすればの話だけどな、私は、どっちかといえば、歴史上、「自分なら、そうなりたい」っていうのがいるとしたら、そうだなあ、やっぱり、アレクサンダーとか、チンギス・ハンとか、そういう者《もん》だったら、なってみたかったなあ。

酒井　あなたは思想家でしょう？
ニーチェ　体がひ弱だったから、それができないので、それを思想の世界で表現しようとしてるだけであってなあ。

「私は世界を変えようとした男」とうそぶくニーチェ

酒井　ちょっと、先ほどの方の質問に戻《もど》ります。
村田　私の質問……。
ニーチェ　あんたの、その目を細めて、こう来るやつ、それが嫌だな。そういう人は、だいたい悪い人なんだ。そういう人っていうのは、騙《だま》すんだよ。
村田　そういう先入観は、よくないと思います。
ニーチェ　私は、なんとなく、そういう人によくやられた気がするな。あんた、尻尾《しっぽ》が生えてるんじゃない？　こう、ツルツルッと黒い尻尾が生えて……。

酒井　あなたには生えているでしょう?

ニーチェ　だいたい、それは悪魔《あくま》の特徴《とくちょう》なんだよ。こう、目を細めて、カッとして、笑いながら、尻尾をグルグル回して、やって来るの。

村田　逆転して、そう見えるのです。

ニーチェ　ちっちゃい穴から出てくるんだよ、そうやって。だから……。

村田　私の質問に答えてください。

ニーチェ　何だね?

村田　あなたの生前の人生を振り返って、業績は別にして、どんなふうに思いますか。

ニーチェ　そらあ君ねえ、私は、少なくとも、百十年たっても、まだ、こういうふうに、日本で『ニーチェの言葉』というような本になって読まれる人なわけだ。

私が同じ質問をあんたに投げかけて、「あなたは、自分の人生を幸福だと思いますか。自分の人生をどう思いますか」と訊いたら、語れるものがあるのかい?

村田　ええ。私は、そうしたものを何も遺《のこ》さなくても幸福だと思います。

ニーチェ　もう、凡人《ぼんじん》ということだろう。「凡人の幸福」を、君は求めているわけだな。私は、そういうことではなかったからね。私は世界を変えようとした男だからね。うん。

自分に対する要求が高い天才ほど不幸感が強い？

村田　では、その「凡人の幸福」と言われる部分について、あなたは……。

ニーチェ　腹が立っただろう。

村田　いえいえ。

ニーチェ　それが悪魔の心なんだ。ああ？

村田　いや、別に（苦笑）。

ニーチェ　君が、「悪魔の種」を宿していることを意味してるんだよ。

村田　いいえ。

「凡人の幸福」の部分については、あなたは幸福感を味わえなかったわけですか。

ニーチェ　いや、幸福・不幸っていうのはね、人の窺《うかが》い知るようなことではないんだよ。

村田　ご自分がどう感じているかを訊いているわけです。

ニーチェ　だからね、実際に幸福な人が、自分を「不幸だ」と思うことがあるし、不幸な人が、「幸福だ」と思うこともあるんだよ。それは、人が決められるようなことではなくて、あくまでも、本人がどう感じ取るかの問題だよ。

村田　そうです。だから、「あなたは、どう感じましたか」と訊いているのです。

ニーチェ　つまり、不幸に感じる人は、基本的には、自分に対する要求が高いことが多いわけね。

村田　あなたは、不幸に感じていたわけですね。

ニーチェ　うん。自分に対する要求が高い人は、失敗したことが多いように見える。

村田　それで、不幸だと思っていた？

ニーチェ　だけど、「自分は凡人だ」と思ってる人にとっては、いろんなラッキーなことがたくさんあったように見える。だから、凡人ほど幸福感が強く、天才ほど不幸感が強くなる。これが、この世の仕組みだな。

積み上げた〝業績〟は、不幸感覚の代償《だいしょう》なのか

村田　その不幸感覚の代償《だいしょう》として、そうした「業績」というものを積み上げられたわけですか。

ニーチェ　うーん。いやあ、君、でもねえ、これには、いいことがたくさん書いてあるよ。（『超訳 ニーチェの言葉』の目次を見ながら）「見かけにだまされない」とか、「責める人はみずからをあらわにする」とか、いい見出しを書いているじゃない。え？「つまらないことに苦しまない」「多くの人の判断に惑《まど》わされない」「人が認める理由」

「二種類の支配」「批判という風を入れよ」。すごいじゃないですか。「組織をはみ出す人」。もう、あらゆる人間類型に対する生き方を説き尽《つ》くしてるじゃないですか。
こういう人に対しては、君たちは、そこへ手をついて、質問すべきなんじゃないかな。

村田　個別に見ると、一見、よさそうなことがいろいろ書いてあるのですが、あなたがつくり出した思想は、いわば、「あなた自身」ですよね。

ニーチェ　うーん。

村田　そのあなた自身が、どういう人生を生きたかということに関して、自分の幸福感というものを自信を持って語れないのであれば、あなたがつくり出した思想は……。

ニーチェ　まあ、いいよ。じゃあ、はっきり言ってやるよ。
だからさあ、「これだけ人類に貢献《こうけん》した私が、不自由な病床《びょうしょう》における苦しい晩年を送ったことに対して、『神なるものがあったら、こんなことはあってはならん』と、私は憎《にく》しみを持った」と言えば、満足するんだろ？

それで満足なんだろ？　君たち的な理解では、そう言ってほしいんだろ？

村田　まあ、晩年まで言えば、そうかもしれませんね。

ニーチェ　ウハハハハ。

「地獄《じごく》で這《は》いずり回っている」と書かれて困っている

村田　ただ、私たちの教えによれば、人の一生には、いろいろなことが起きますので、いろいろな人生を……。

ニーチェ　違う。あれを直してよ。「鉄球をぶら下げて、地獄《じごく》で這《は》いずり回っている」っていうの、あれ困るじゃん（前掲《ぜんけい》『黄金の法』参照）。

村田　いやいや。

酒井　「洞窟《どうくつ》のような所にいる」ということですよね。

ニーチェ　ニーチェの翻訳者たちに失礼じゃない。全集なんかを訳してる人がかわいそうじゃない。あんなのを読んだら死んじゃうよ。
酒井　少なくとも、孤独《こどく》で、洞窟のような所にいることは事実ですよね。
ニーチェ　まあ、それは、あくまでも比喩《ひゆ》だからね。
酒井　でも、先ほど、あなたは、「洞窟のなかで思想を編んでいる」と言っていたではないですか。
ニーチェ　霊界《れいかい》っていうのは、実在の物質世界じゃないからね。
酒井　最近、人に会ったことがないでしょう。
ニーチェ　え？　会ってるよ、今。
酒井　いやいや、今はそうですが、霊界では……。
ニーチェ　いやあ、そんなことはないよ。ときどき、会う人がいないわけではない。

悪魔《あくま》ルシファーに〝知恵《ちえ》〟を授《さず》けるのが役割

酒井　誰が来るのですか。ルシファーとか？

ニーチェ　いや、ああいう人は忙《いそが》しいお方だから、そんな簡単には会えないよ。

酒井　そんなには来ないけれども、たまには来るのですか、ルシファーは。

ニーチェ　たまに、というか、まあ、私に教えを乞《こ》いに来ることはあるかも。

酒井　「あのお方」とおっしゃっているルシファーが、あなたに教えを乞いに来るのですか。

ニーチェ　それは、まあ、彼は行動の人だからね。〝知恵《ちえ》〟を授《さず》けるのが私だから。

酒井　では、やはり、あなたはアーリマンですか。

ニーチェ　いやあ、私は〝神〟だから、〝知恵〟を授ける役割だけどね。彼は、その〝知恵〟を受けて行動する。

例えば、「大川隆法なる〝けしからんやつ〟が、日本で神様になろうとしているらしい。これは、おまえの思想を盗《ぬす》んでいるんだ。自分が超人になって、神に成り代わろうとしているらしいから、こいつを何とかしてやっつけなければいかん。どういうふうにして、やっつけたらいいと思うか」と、ルシファーが私のところに訊きにくれば、私が……。

酒井　どう答えるのですか。

ニーチェ　それはまあ、「こいつは、ルサンチマンの塊であって、そのルサンチマンを晴らすために、偉《えら》くなりたがっているんだから、そこを、もうちょっとつつかなければいかんな」と、こういう感じで……。

酒井　どうやって、つつくのですか。マスコミを使うのですか。

ニーチェ　マスコミのルサンチマンを盛り上げなきゃ。マスコミっていうのは、だいたい、ルサンチマンで飯《めし》を食ってるんだよな。

日本の言論人を指導しているが、名前は言えない

酒井　日本のマスコミに対して、あなたは、どの程度、影響力《えいきょうりょく》を持っているのですか。

ニーチェ　まあ、日本のマスコミを食べさせてやるほど、そんなに暇《ひま》ではないわ。

酒井　あまり、インスピレーションを与《あた》えていないのですか。

ニーチェ　インスピレーションを受けられるほどの大物が、日本のマスコミにいるとは、私は思いませんけどね。

酒井　では、言論人のなかに入っているのですか。

ニーチェ　うーん。まあ、「言論人に入ってる」と言ったら、あんたがたは困るんじゃないの？　あんたらは、「右翼《うよく》勢力だ」と思われてるんだろ？

酒井　いやいや。

ニーチェ　右翼はねえ、君、ニーチェが好きなんだよ。

あんたがたは矛盾《むじゅん》していてね、自己矛盾を起こしてるんだよ。「ニーチェは嫌いだ」とか、「地獄《じごく》に堕《お》ちている」とか言うのは自己矛盾で、自分たちの首を絞《し》めてるんだよ。ネクタイを締《し》める代わりに、首を絞めて、ぶら下げてるんだよ。

酒井　あなたが指導している日本の言論人は、誰なのですか。

ニーチェ　それは言えんなあ。

酒井　「言えない」ということは、やはり、そういう人はいるのですね。

ニーチェ　まあ、そんなことは、言ってはいかんだろう。

酒井　言ってはいけないのですか。

ニーチェ　うん。さすがに言ってはいけないだろう。

酒井　ベストセラー作家のなかにいますか。

ニーチェ　ベストセラー……。うん？

金澤　どうして言ってはいけないのですか。自分が神で、本当に世界一偉いのならば、言ってあげたら、ものすごく誇《ほこ》りになるではないですか。

ニーチェ　いやあ、「私が指導した人が理事長になった」とか、言ってはいけないだろう。

酒井　私を指導してくださっているのですか（苦笑）。

ニーチェ　え？　あんたの思想なんか、まさしく超人の思想じゃないか。

酒井　でも、先ほどは、私のことを、「バカだ」とか「アホだ」とか、さんざん、言っていたではないですか。

ニーチェ　あんたは、だいたい、「自殺の思想」だろう？　要するに、あんたは、この世を軽《かろ》んじて、突《つ》っ込《こ》んでいき、自殺して神になるんだろう？

酒井　あなたは、「そういうのはバカだ」と言っていたではないですか。

ニーチェ　いや、バカだよ。バカだとは思うけどさ。それは、私との比較《ひかく》においてバカなだけであって、凡人との比較においては、ちょっとましかもしれないじゃないか。

酒井　そうやって、あなたは、「死ね」というような指導をするのですか。

ニーチェ　ええ？　だから、「どうやったら、こんなバカが幸福の科学の理事長になれるか」ということを指導する。それは、「権力への意志」だよ。権力への意志を吹《ふ》き込むんだ。ルサンチマンを燃え上がらせて、そして、立ち上がらせる。男を立たせるわけだ、君。そういうことを指導する。君は、私に感謝しなければいけないなあ。

戦前は、大川周明《おおかわしゅうめい》や北一輝《きたいっき》を指導していた

酒井　世の中の作家などで、あなたが指導している人はいるのですか。

ニーチェ　作家で？　まあ、作家で、それだけの力がある人は、今、そんなにはいないんじゃないか。

酒井　以前はいたのですか。

ニーチェ　日本は、ほとんど左翼の牙城《がじょう》だからなあ。まあ、戦前とかには少しいたかもしれないなあ。

酒井　どういう人ですか。

ニーチェ　うん？　ほら、大川隆法の〝父親〟の大川周明《おおかわしゅうめい》（日本ファシズム運動の理論的指導者）とか、あんなのは……。

酒井　大川周明を指導していたのですか。

ニーチェ　うん。〝父親〟の大川周明……。

酒井　父親ではありません。

ニーチェ　え？　父親だろう？

酒井　違います。

ニーチェ　親子なんじゃないの？

酒井　違います。

ニーチェ　名前が一緒じゃんか。

酒井　日本についてはあまりよく知らないのに、なぜ、指導できたのですか。

ニーチェ　うーん、いやあ、そらあねえ、私だって大川周明や北一輝《きたいっき》（戦前の国家主義者。二・二六事件に連座して死刑）ぐらいは知ってるよ。

酒井　北一輝も指導していたのですか。

ニーチェ　そのくらいは知ってるよ。君ね、日本とドイツは同盟国で、私たちは友達なんだよ。間違っちゃいけないよ、友達なんだから。

酒井　何だか、ヒトラーと同じようなことを言っていますね（前掲『国家社会主義とは何か』参照）。

ニーチェ　日本は同盟国なんだからさ。

〝聖人〟すぎて、霊界《れいかい》では女性が寄ってこない？

金澤　日本が同盟国ということは、あなたは、あの世で、いわゆるドイツ参謀《さんぼう》本部のように、〝参謀〟として、いろいろな人にインスピレーションを送っているわけですよね。誰に送っているのですか。
ニーチェ　そろそろ、あんたにも送らなきゃいかんなあ。
金澤　いいえ、結構です。
ニーチェ　ええ？　指導を……。
金澤　お断りします。
ニーチェ　指導局長にも、そろそろ、「権力への意志」が芽生《めば》えなければいけない。
金澤　全然ないので、大丈夫《だいじょうぶ》です。
ニーチェ　あんたのところに取り憑《つ》けば、幸福の科学の教えが全部曲がっていくんだろ？
金澤　お断りいたしますので。
ニーチェ　いやあ、権力には……。

金澤　私の質問に答えてください。

ニーチェ　最近、女性とあまり話をしていないから、ちょっとさみしいんだ。

酒井　天国なのに、なぜ、いないのですか。

ニーチェ　いやあ、私みたいな〝聖人〟になると、もう女性が寄ってこないんだよ。

酒井　はあ。

ニーチェ　もう、〝聖人〟すぎて、近寄れないんだな。

酒井　というか、あなたのところまで行けないのではないですか。

ニーチェ　やっぱり、髭《ひげ》が怖《こわ》いのかな、ちょっとなあ。

酒井　たまに、誰かが攻《せ》めてきたりしませんか。

ニーチェ　ちょっと剃《そ》らないといけないなあ。

ワーグナー夫人《ふじん》から見た「ニーチェの客観的な人物像」

村田　ちなみに、あの……。

ニーチェ　あんた嫌な顔してるな。今度は目が笑ってないよ（会場笑）。

村田　いやいや。

ニーチェ　こいつ、なんか怖いよ。

村田　ご生前、ワーグナーと……。

ニーチェ　手が震《ふる》えてるよ。あなた、おかしいよ。

村田　いえいえ。あなたはワーグナーと親交を結んでおられたとのことですが。

ニーチェ　（舌打ち）ワーグナーで来たか。

村田　ワーグナー夫人《ふじん》のコジマという方に対して、恋心《こいごころ》を抱《いだ》かれ……。

ニーチェ　いや！　もう、君ね、そんな軟派な話はやめてくれないかな。

村田　三角関係のようになりましたが、その夫人が、別の方に宛《あ》てた手紙のなかに、こういう表現があります。

あなたのことについて、「あれほど惨《みじ》めな男は見たことがありません。初めて会ったときから、ニーチェは病《やまい》に苦しむ病人でした」と書いているんですよ。

ご自身の自己認識は知りませんが、「周りからは、そのように見えていた」ということですね。

ニーチェ　君ねえ、やっぱり、学者の孤独っていうのを理解しなきゃいけないんだよ。われわれはねえ、もう、ほんと、世間《せけん》の人が嫌がるグリーク・アンド・ラテン（ギリシャ語とラテン語）の退屈《たいくつ》な退屈な古代の言葉の文献を読んでねえ、青春を過ごした人間なんだよ。

だからねえ、「女を口説《くど》く法」なんていう、現代的なものを習得しておらんのだよ。そういう無様な生き方をこの世でしたからといって、それを、貶《おとし》める材料に使ってはいけないのだよ。

もしかしたら、彼女に悪魔が憑いてた可能性だってあるわけだからさあ。

村田　別に貶めるつもりはありませんが、「客観的に、そのように見えていた」ということを、ご認識いただきたいのです。

ニーチェ　客観的かどうかは分からん。もしかしたら、嘘《うそ》かもしれない。ほんとは大好きだったけど、外向けに、違うように言ったかもしれない。浮気《うわき》したように思われるといけないから、外向けには、そういう証拠《しょうこ》を残したのかもしれない。そこまで疑わないと、マスコミ人にもなれないなあ。

ニーチェの思想に影響《えいきょう》されると、ニーチェのように不幸になる

村田　それで、先ほど少し言いかけたのですが、「人生で起きてくるいろいろなことに対して、それを、どのように受け止めるか」には、自分自身の選択《せんたく》の余地があるんですよ。

ニーチェ　うん、うん。

村田　しかし、あなたは周りの環境《かんきょう》に原因を求め、そして、嫉妬の感情を抱き、それ

を、自分自身の哲学を構築することによって晴らそうとしたわけですよね。そういうことだと思いますけれども、あなた自身の人生を見ていると……。

ニーチェ　君の言葉は長いから、早くしてくれないかなあ（笑）。聞いてるうちに寝《ね》てしまいそうだからさあ。

村田　あなた自身の人生を見ていると、「あなたの思想のとおりに生きると、幸福になれない」ということが、もう明確に分かりますので、私たちは、「絶対に、あなたの思想には毒されないようにしたい」と思いました。

ニーチェ　マルクスがヘーゲルに嫉妬したのは歴史的事実だから、それは分かってるんだよ。それは、はっきり分かってるんだけど、マルクスさんも、この世的にはなかなかうまくいかなかった。事業的にもうまくいかなかったし、ヘーゲルに対して、すごく嫉妬していたのは間違いないけども、私はそうではなく、ヘーゲルを乗り越《こ》えて、さらに上へ行こうとした人間だからね。

まあ、「ドイツ観念論哲学では、ヘーゲルが最高峰だ」と思われるかもしれないけど、ヘーゲルには実践《じっせん》の原理がまだ十分足りていない。その実践の原理にまで及《およ》んだのは私なんで、（ドイツ観念論哲学を）完成したのはニーチェなんだよ。分かるかなあ。

村田　あなたの思想に影響《えいきょう》された人は、あなたのような人生を送ることになりますので、そうならないように、日本や世界の方々に警告を発しておきたいと思います。

ニーチェ　で、彼（高間）みたいになるわけね。「ミスター・ルサンチマン」になるわけね。

酒井　彼は、あなたとは違います。信仰《しんこう》を持っており、神を信じていますから。

ニーチェ　いや、怪《あや》しいよ。

酒井　「怪しいよ」って、あなたは神を信じていないんでしょう?

ニーチェ　心の底は違うかもよ。「ニーチェを読んでいた」っていうのなら、違うかもしれない。

酒井　だいたい、あなたは人を疑いすぎていますよ。

ニーチェ　あんたとそっくりじゃないか。

酒井　私は人を疑っていませんよ。あなたは、本当に人が悪いですね。

ニーチェ　若死にした場合だってねえ、世を恨むんだよ。

酒井　人間の人生は、一回だけではないのです。

ニーチェ　だいたい、世を恨む気持ちがあるんだよ。

酒井　はいはい。分かりました。

ニーチェの言う「超人《ちょうじん》」とは、「悪魔《あくま》に支配される人」のこと

村田　あなたの言う「超人《ちょうじん》」とは、結局、「悪魔《あくま》のインスピレーションを受けて、悪魔に支配される人」のことを言っているんですよね。

ニーチェ　いや、それは断定……。

村田　そういうことですよね。

ニーチェ　それはねえ、君、偏見《へんけん》と断定に満ち満ちてるよ。君らが、平凡な人たちを捕まえて、「菩薩《ぼさつ》になれる。如来《にょらい》になれる」と言って教えてることだって、ほとんど変わらないんだよ。

村田　いや、まったく違います。

ニーチェ　なれっこない人をつかまえてねえ、「君は天使になれる」だの、「菩薩」だの「如来」だの、「悟《さと》りを開《ひら》ける」だのと言ってる。これは、金儲《かねもう》けのために大勢の人を騙しとるんだろうが。

村田　いいえ、そんなことはありません。

ニーチェ　騙しとるんだって。

村田　言いがかりはやめてください。

ニーチェ　なれるわけがないじゃないか。そういう人はねえ、万に一人しかいないんだよ。それをねえ、すべての人がなれるかのように騙して金儲けしてるというのは、反省しなきゃ地獄に堕ちるぞ、君たちは。

村田　そうではありません。

ニーチェの本を読んだら、死後の行き先は「孤独《こどく》な洞窟《どうくつ》」

酒井　あなたの本が売れることのほうが、おかしいですよ。

ニーチェ　私の本が売れるのは、人気があるからなのよ。

酒井　それは、騙しているのではないですか。

ニーチェ　ええ？　今、女性でも、私の本を読んでるのよ。

酒井　あなたの本を読んだら、みんな……。

ニーチェ　力が湧《わ》いてくるからさあ。

酒井　みんな、死後、洞窟《どうくつ》に入って、ぽつんと独《ひと》りでいなくてはいけなくなるんですよ。

ニーチェ　いいじゃない。みんな、ワンルームマンションで最期《さいご》を送れるんだからさ。

酒井　電気もつかない部屋で。
ニーチェ　その人たちは、ワンルームマンションで、最期にニーチェの言葉を読みながら死んでいくんだよ。
酒井　「神になる」と思っていたのに、洞窟のなかにいなくてはいけないのでは、嘘じゃないですか。
ニーチェ　今の女性たちは、男が嫌いだからさあ。もう、ほんとに、ろくでもねえからさあ、結婚《けっこん》しないんだよ。

霊言《れいげん》を打ち切ろうとする質問者を「独裁者」と呼ぶ

酒井　要するに、あなたの思想は嘘なんですよ。
ニーチェ　ええ？
酒井　もうこれ以上、話してもしかたがないので、これで終わります。今日は、もうお還《かえ》りください。ありがとうございました。

ニーチェ　なんか、君、すごい独裁者だねえ。

酒井　いえいえ、独裁者ではありません（苦笑）。

ニーチェ　言論の自由を認めない。

酒井　もう終了《しゅうりょう》時間なんですよ。

ニーチェ　言論の自由、思想の自由を、一切《いっさい》、認めないんだね。全部、独裁的に、判断する。

酒井　「時は金なり」なので、これ以上、あなたと話している時間はないのです。

ニーチェ　君、もしかしたら、ヒトラーの魂《たましい》の兄弟と違うか？　ヒトラーの生まれ変わりだろうが。ええ？

酒井　（苦笑）あなたが、ヒトラーを大好きなんでしょう？

ニーチェ　そらあ、大好きだ。

酒井　あなたのお友達でしょう？

ニーチェ　ああ。じゃあ、君とも友達かもしれないなあ。〝防共協定〟を結ぼうか。

酒井　はい。どうもありがとうございました。それでは、お還りください。ありがとうございました。

ニーチェ　うん。じゃあ、分かりました。うん。うーん、な！

6 「保守系の思想」にも違《ちが》いがある

行動部隊の悪魔《あくま》に〝知恵《ちえ》〟を与《あた》える「軍師」

大川隆法　はーっ！　どうですか（笑）（会場笑）。なかなかでございますね。

酒井　はい。もう、駄目《だめ》ですね。

大川隆法　どうしようもありません。これでは、お坊《ぼう》さんが行っても無理でしょうね。

酒井　無理ですね。

大川隆法　修道士や牧師さんが行っても、こういう人は無理でしょう。どうにもなりません。

酒井　はい。

大川隆法　この人は、「繭《まゆ》のなかに入っていて、死んだことも分からない」という人とは明らかに違《ちが》います。そういう人たちは、自分が死んだことさえ認めませんが、この人は、そんなことは、とっくに知っていて、もっと「確信犯的」です。

「ルシフェルやベルゼベフに〝知恵《ちえ》〟を与《あた》えている」とまで言う人ですからね。

まあ、実際に行動しているほうではないのかもしれませんが、〝知恵〟は、確かに与えているのかもしれません。何かインスピレーションを与えているのかもしれませんが、「悪魔《あくま》の軍師」なのかな？

酒井　はい。

大川隆法　もしかしたら、軍師なのかもしれません。ある意味で、行動部隊に対して〝知恵〟を与えているのでしょう。言葉の武器や、思想の武器を与え、「ここが隙《すき》だ」などと言って、攻《せ》めるところを教えたりするのが仕事なのかもしれませんね。

酒井　そうですね。

ニーチェの思想によって〝超人《ちょうじん》〟になったヒトラー

大川隆法 『超訳《ちょうやく》 ニーチェの言葉』には、「ヒトラーとは関係がない」と書いてありますが、今の話からすれば、それは嘘《うそ》ですね。やはり、ニーチェを擁護《ようご》しているのでしょう。

酒井 それも戦略というか。

大川隆法 そうですね。「『ナチスの思想の土台となった』とか、『ニヒリズムの哲学《てつがく》を完成して流布《るふ》した』とか、『反ユダヤ主義だった』とかいうのは流言飛語《りゅうげんひご》で誤解である」と書いてありますが、そういう流言飛語は誤解ではなかったわけです。「かなり確信的なものを持っていたから、ナチズムの母体になった」ということですね。

酒井 はい。

大川隆法　ヒトラーも、若いころは、なよなよとした貧乏画学生《びんぼうががくせい》でしたから、確かに、〝超人〟になったのでしょう。

絵を描いても売れなくて、貧乏をしていた画学生が、ドイツの最高権力者になり、ヨーロッパを攻めまくったのですから、これは、ものすごい変身です。

本人としては、やはり自分に神が乗り移ったような感じはあったでしょうね。突如《とつじょ》、変身して、エリート軍団のドイツ参謀《さんぼう》本部が立てる作戦とは全部逆のことをやり、それで勝って見せることで、スッキリしていたのでしょう?

酒井　そうですね。

大川隆法　それは、まさしくルサンチマンですよね。

だから、「エリートたちの立てた作戦と逆のことをやったら勝てる」というところを見せて、気分がよかったのでしょうが、「最後は、大壊滅《かいめつ》を起こして、破滅させられる」というカルマの刈《か》り取りが、きちんと来ています。

ドイツは、参謀本部ができてから負けていなかったのに、参謀本部を無視したヒトラーによって滅《ほろ》びているのです。

古い文献学《ぶんけんがく》をやった人は「知っていること」を捨てられない

大川隆法　ですから、勉強した人もなかなか難しいですね。

ドラッカーのイノベーションではないけれども、要するに、「捨てる」ということが難しいのです。「古いものを捨てて、空《から》っぽになる」ということが難しいんですよ。捨てなければ、新しいものは入らないのですが、今までのものが入っていて、捨てられないんですよね。

この人は、宗教を知らないわけではなく、研究はしているのです。キリスト教も研究しているし、ユダヤ教も研究しているし、ギリシャ・ローマの思想や哲学、宗教も研究しているんですよ。おそらく、インドのほうまで研究していると思います。

その「知っていること」を捨てられないですからね。やはり、捨てられない人は難しいのです。特に、こういう昔の文献学《ぶんけんがく》をやった人というのは、知っていれば知っているほど、それが力ですからね。「いかに細かいことまで覚えているか」「いかに人が知らないようなところまで知っているか」ということが力なので、これを捨てられないわけです。こういう人を〝改宗〟させるのは、かなり難しいことです。

神が地上に降ろした人の「弱点」を突《つ》いて攻《せ》めてくる

大川隆法　しかし、この人の悪魔的なところは、「表側の人たちの弱点を、よく知っている」ということです。

酒井　はい。

大川隆法　確かに、人は完璧《かんぺき》ではないので、「どこが攻《せ》めるべき弱点か」ということを、よく知っているわけです。

例えば、ベルゼベフは、荒野《あらの》で四十日間修行《しゅぎょう》したイエスを試《ため》しました。『聖書』には、

「もし、あなたが神の子だったら、石をパンに変えて食べよ」とか、「崖《がけ》から飛び降りても、天使が救ってくれるだろう」とか、「世界の栄華《えいが》を、おまえに与えてやる」とか言って試している場面がありますが、ああいう哲学問答《もんどう》のようなものを考えつくような人、要するに、神がこの世に降ろした人たちの説く思想の弱点を突《つ》いて、逆に攻めるようなことを考える人が、やはり、いるのでしょう。

この人は、そういう者の仲間でしょうね。それをするためには、ある程度、頭はよくないといけないのでしょう。

ただ、〝面白《おもしろ》い〟のは、「この世では、悪魔に憑《つ》かれた人であっても、ある程度までは大成功する場合がある」ということです。ここが怖《こわ》いところですね。

酒井　そうですね。

大川隆法　ヒトラーも、最初から失敗してくれれば、別に問題は何もないのですが、最初、けっこう勝つことがありますからね。電撃《でんげき》作戦で勝ち続けたりすると、みな、「神様か」と思って英雄視《えいゆうし》しますよね。

それは、シーザーのようであり、ナポレオンのようでもあります。

ニーチェの狙《ねら》いは「ドイツの右翼《うよく》勢力」かもしれない

大川隆法　でも、今、ドイツは、おそらく日本と同じ問題を抱《かか》えているのだと思うのです。ドイツは、カント以来の観念論哲学の大国で、大哲学で有名でしたし、今も、経済的にはヨーロッパでナンバーワンですが、精神的には、やはり、敗戦によって非常にバッシングされ、反省させられて、核《かく》兵器も持てない状態になっています。

こういうニーチェ的なる思想は、もう出せないし、ヒトラー的なものや、人種差別的なものなどを出すことに対して極端《きょくたん》に臆病《おくびょう》で、ネオナチなどに対しては、ものすごい警戒心《けいかいしん》を持っています。

ですから、「ドイツも、ある意味で、何らかの修復を必要としてはいるのだろう」と思います。

そのため、ニーチェは、こちらではなくて、あちらのドイツのほうで何かを狙《ねら》っているかもしれません。ネオナチが復活して少し運動しているので、むしろ、あちらの右翼《うよく》のなかに入って、何かやっている可能性はありますね。新しいリーダーを使って、何かを狙っている可能性はあるかもしれません。

まあ、あのままでは、ちょっと惨《みじ》めでしょう。ドイツも、さすがに、何か復権をしたいでしょうね。

「怨念《おんねん》」を昇華《しょうか》できなければ、本当の高みには上がれない

大川隆法　（高間に）あなたは、仲間のように言われたけれどもね。ミスター・ルサンチマンだって（笑）（会場笑）。

高間　やはり、勉強が好きな人には、怨念《おんねん》というものに、なかなか気がつかないところがあると思います。

大川隆法　ほう。

高間　いつの間か、怨念が原動力になっているところはあると思います。

大川隆法　当会では、「怨念」という言葉は使っていませんが、「劣等感《れっとうかん》」をバネにして努力すれば、高みに上がれる」ということは説いています。

ですから、「そのへんが浄化《じょうか》され、昇華《しょうか》されていくかどうか」ということが難しいところですね。

怨念のままで最後まで行ってしまうかどうかですが、確かに、怨念のままに行って、出世する人もいます。もしかしたら、起業家のなかにも、怨念を晴らすためだけに頑《がん》張《ば》っている人もいるかもしれません。

例えば、ソフトバンクの孫正義《そんまさよし》氏は、本当の英雄なのか、それとも怨念を晴らすために、あそこまで頑張っているのか、分からないところはあります。彼の伝記等も出ていますが、まだ、本当のところは分かりませんね。

怨念を晴らすために頑張っても、ある程度、行くところまで行く場合はありますが、それが聖なるもののほうまで行き着くかどうかは、何とも言えません。

ダイエーの故・中内切《なかうちいさお》氏にも、そういうところはありました。第二次大戦では、南方戦線で、ものすごくひもじい思いをし、「軍靴《ぐんか》の皮まで切って食べた」ということですが、負傷したときに、「薄《うす》れゆく意識のなかで、肉が入っているすき焼きを家族で囲んで食べる風景が浮《う》かんだ」というようなことを言っています。

そして、日本に帰ってきてから、「豊富に食料を供給し、世の中に行き渡《わた》らせる」ということに、ものすごい怨念のようなものを持っていました。

自分たちで、食肉工場を持ったり、畜産《ちくさん》まで手がけて養豚《ようとん》や牛の飼育をしたりするなど、「安い肉を大量に供給する」という怨念のようなものがあって、それが、ダイエーが全国ナンバーワンになるための原動力にはなったと思います。

しかし、松下幸之助《まつしたこうのすけ》とは少し違うものが、どうしても残るのです。松下幸之助は、「経営の神様」と言われていますが、中内氏がそう言われないのは、何か、怨念が晴れていない部分が最後まで残っているからでしょうね。それは、急成長の力にはなったけれども、怨念が晴れていない感じがどうしても残っていて、その部分が、「経営の神様」と言われなかった理由だろうと思います。

個人的には、すごく努力をされたと思いますが、その努力が、そういう怨念から出ている部分がそうとうあるので、そのあたりには微妙《びみょう》なものがありますね。

中国や北朝鮮《きたちょうせん》からの「ヒトラー的なもの」の出現を警戒《けいかい》せよ

大川隆法　今後も、ニーチェの言葉等は、また、いろいろと出されてくることでしょうし、右翼や保守系の思想家が増えたり、その運動が増えてきたりすれば、当然、それに便乗して復権してくることがあるかもしれませんが、霊査《れいさ》の結果は、「当会としては、ストレートには認めがたい」という結論になります。

宗教がブームになった際、幸福の科学も、統一協会も、オウム教も、みんな一緒《いっしょ》に上がってきたことがありますが、当会が、「宗教にも内容に違いがある」と言ったら、〝仲間割れ〟が起きたりしました。

しかし、宗教に関して、「沈《しず》むときは一緒、上がるときも一緒」という考えは、間違っていると思います。やはり、「内容の違い」を見なければいけないのです。

今後、保守系の思想や運動が強くなってくるかもしれませんが、「そのなかにも違いはあるので、何もかもが入ってきてはいけない」ということですね。

私たちは、ヒトラー的なものを目指しているわけではありません。むしろ、「そういう人物が、中国や北朝鮮《きたちょうせん》から出てくるのではないか」と考えて、「それから国を守らなければいけない」ということを、今、訴《うった》えているわけです。

どちらかと言えば、「ヒトラーにやられたフランスみたいにならないように」と言っているのです。「ヒトラーをそのままにしておいたほうが、平和なのではないか」というような弱腰《よわごし》のことをやっていたら、イギリスまで空爆《くうばく》される事態になりました。ポーランド侵攻《しんこう》で終わりになるかと思ったら、そんなことでは済まず、次から次へと攻めてきて、ソ連侵攻をやり、次は、イギリスまで空爆にやって来たわけです。

私たちは、「その野望を見抜《みぬ》かねばいけない。見抜いたら、早めに手を打たなければいけない」ということを言っている側なので、ヒトラーと一緒ではないわけです。「祖国防衛」という言い方をすれば、みな一緒になるのかもしれませんが、客観的に見て、「防衛なのか、侵略なのか」ということを、ある程度、判断しなければいけません。微妙かもしれませんが、そういう判断が必要です。

人種や国籍《こくせき》を超《こ》えた「世界正義」を追求している幸福の科学

大川隆法　今、石原慎太郎《いしはらしんたろう》氏が、新党をつくろうとしていて、「日本の国のためだけに、保守の政権をつくる」というようなことを言っていますが（収録当時）、当会とは少し違いがあるらしいことが分かるでしょう。石原氏は、本当の右翼なのでしょうが、当会には、それとは違うものが若干《じゃっかん》あるわけです。

もちろん、私たちも日本のことは考えていますが、やはり、日本以外の国についても考えているからこそ、アジアやアフリカの国々にも教えが広がっているのだと思います。もし、日本の国のことだけしか考えていなければ、世界には広がらないでしょう。

これは、「教えのなかに日本神道《しんとう》も入っているけれども、そのなかに収まっているわけではない」という部分だと思うのです。

超人思想的なことを言えば、似ているように見えるのかもしれませんが、やはり、どこかに違いはあります。その違いは何かと言うと、「テーミスの神（正義の神）」ではありませんが、やはり、「正義とは何か」ということを追求しているところです。

その正義は、人種や国籍《こくせき》などに所属するものではなく、「人種や国籍を超《こ》えた『世界正義』というものを考えている」ということです。

当会は、左翼のほうも攻撃していますが、「左翼は全部悪だ」と言っているわけではなくて、酌《く》むべきところがあれば酌む気持ちはありますし、右翼のなかにも、間違っているものがあれば、それなりに指摘《してき》します。また、中道《ちゅうどう》勢力のなかにも、おかしいものがあれば、きちんと見つけて指摘しています。

例えば、公明党については、「中道政党で、真ん中だからいい」ということではなく、「左右両方からこぼれる票を集めようとしているだけだろう」と見ているわけです。

まあ、ニーチェの思想と似ているように言われることもあるかもしれませんが、違いはあるのです。これは、「果実」で証明するしかないかもしれませんね。

酒井　はい。

大川隆法　では、終わりにしましょう。ありがとうございました。

酒井　はい、ありがとうございました。

あとがき

古代ペルシャ（イラン）の宗教家ゾロアスターの思想は、現在ではその片鱗《へんりん》が伝わるのみで、全貌《ぜんぼう》は判らない。

ただ、この世での善悪をはっきりとカミソリの刃で切り分け、天国へ往く者と地獄へ往く者を二元論的に分けることと、鳥葬《ちょうそう》の風習は伝えられている。

ニーチェはゾロアスターことツァラツストラをして新しい神、「超人」としてデビューさせようとした。ツァラツストラ（ニーチェの自己投影）、それは映画的には、スーパーマン、スパイダーマン、バットマン、アイアンマンのようなものだったのかもしれないが、現実の政治としては、ヒトラーとして現れた。詩的で格調高いツァラツストラの説教の中に、「われ世に勝てり」と称したイエス・キリストの言葉を読み解けなかった悲劇がある。

人生は長く生きなければ、経験的に判りえない真理もあるのだ。善悪の彼岸は、悟りし者にしか判りえない。

二〇一三年　五月二十日

幸福《こうふく》の科学《かがく》グループ創始者兼総裁《そうししゃけんそうさい》　大川隆法《おおかわりゅうほう》

『公開霊言 ニーチェよ、神は本当に死んだのか?』大川隆法著作関連書籍

『太陽の法』(幸福の科学出版刊)
『黄金の法』(同右)
『永遠の法』(同右)
『天才作家 三島由紀夫の描く死後の世界』(同右)
『天照大神のお怒りについて』(同右)
『国家社会主義とは何か』(同右)
『アダム・スミス霊言による「新・国富論」』(同右)
『マルクス・毛沢東のスピリチュアル・メッセージ』(同右)
『霊性と教育』(同右)
『宇宙人による地球侵略はあるのか』(同右)

公開霊言《こうかいれいげん》 ニーチェよ、神《かみ》は本当《ほんとう》に死《し》んだのか？

2013年5月29日　初版第1刷

著　者　　大《おお》　川《かわ》　隆《りゅう》　法《ほう》

発行所　幸福の科学出版株式会社

〒107-0052 東京都港区赤坂2丁目10番14号
TEL(03)5573-7700
http://www.irhpress.co.jp/

印刷・製本　株式会社 東京研文社

落丁・乱丁本はおとりかえいたします

ISBN978-4-86395-337-6 C0010

大川隆法ベストセラーズ・希望の未来を切り拓く

未来の法

新たなる地球世紀へ

暗い世相に負けるな！ 悲観的な自己像に縛られるな！ 心に眠る無限のパワーに目覚めよ！ 人類の未来を拓く鍵は、一人ひとりの心のなかにある。

2,000円

Power to the Future

未来に力を

英語説法集 日本語訳付き

予断を許さない日本の国防危機。混迷を極める世界情勢の行方――。ワールド・ティーチャーが英語で語った、この国と世界の進むべき道とは。

1,400円

教育の使命

世界をリードする人材の輩出を

わかりやすい切り口で、幸福の科学の教育思想が語られた一書。イジメ問題や、教育荒廃に対する最終的な答えが、ここにある。

1,800円

※表示価格は本体価格（税別）です。

大川隆法 ベストセラーズ・法シリーズ《基本三法》

太陽の法

エル・カンターレへの道

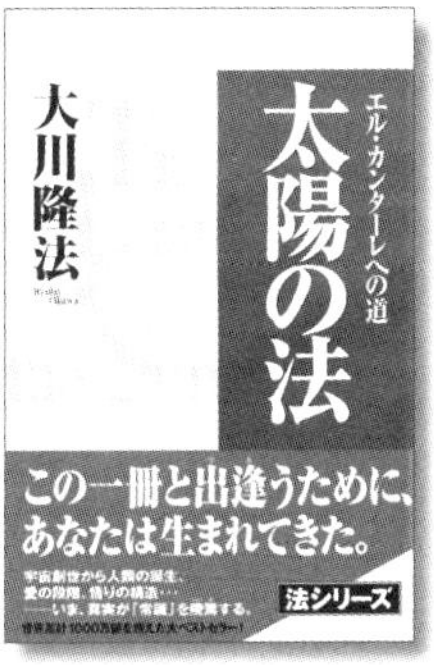

創世記や愛の段階、悟りの構造、文明の流転を明快に説き、主エル・カンターレの真実の使命を示した、仏法真理の基本書。

2,000円

黄金の法

エル・カンターレの歴史観

歴史上の偉人たちの活躍を鳥瞰しつつ、隠されていた人類の秘史を公開し、人類の未来をも予言した、空前絶後の人類史。

2,000円

永遠の法

エル・カンターレの世界観

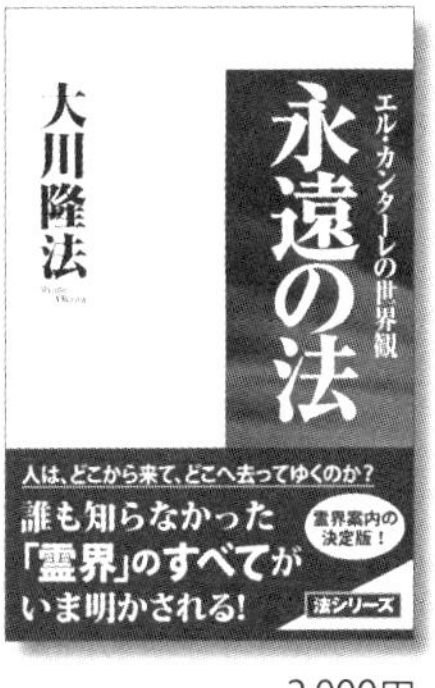

『太陽の法』(法体系)、『黄金の法』(時間論)に続いて、本書は空間論を開示し、次元構造など、霊界の真の姿を明確に説き明かす。

2,000円

幸福の科学出版

大川隆法 霊言シリーズ・日本の自虐史観を正す

公開霊言 東條英機、「大東亜戦争の真実」を語る

戦争責任、靖国参拝、憲法改正……。他国からの不当な内政干渉にモノ言えぬ日本。正しい歴史認識を求めて、東條英機が先の大戦の真相を語る。
【幸福実現党刊】

1,400円

本多勝一の守護霊インタビュー
朝日の「良心」か、それとも「独善」か

「南京事件」は創作！「従軍慰安婦」は演出！ 歪められた歴史認識の問題の真相に迫る。自虐史観の発端をつくった本人(守護霊)が赤裸々に告白！
【幸福実現党刊】

1,400円

従軍慰安婦問題と南京大虐殺は本当か？
左翼の源流 vs. E.ケイシー・リーディング

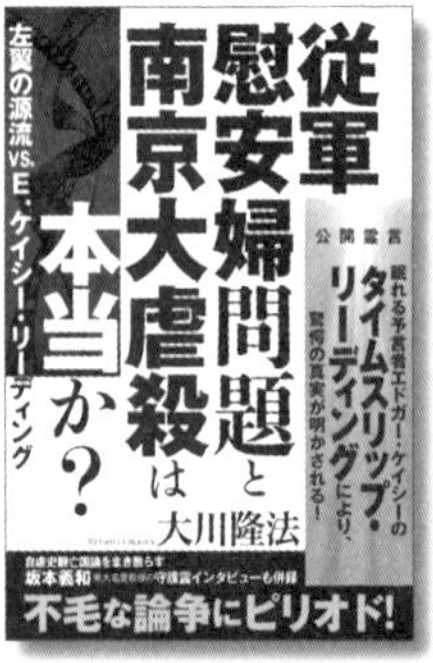

「従軍慰安婦問題」も「南京事件」も中国や韓国の捏造だった！ 日本の自虐史観や反日主義の論拠が崩れる、驚愕の史実が明かされる。

1,400円

※表示価格は本体価格(税別)です。

大川隆法 霊言シリーズ・憲法九条改正・国防問題を考える

スピリチュアル政治学要論

佐藤誠三郎・元東大政治学教授の霊界指南

憲法九条改正に議論の余地はない。生前、中曽根内閣のブレーンをつとめた佐藤元東大教授が、危機的状況にある現代日本政治にメッセージ。

1,400円

憲法改正への異次元発想

憲法学者NOW・
芦部信喜 元東大教授の霊言

憲法九条改正、天皇制、政教分離、そして靖国問題……。参院選最大の争点「憲法改正」について、憲法学の権威が、天上界から現在の見解を語る。
【幸福実現党刊】

1,400円

北条時宗の霊言

新・元寇にどう立ち向かうか

中国の領空・領海侵犯、北朝鮮の核ミサイル……。鎌倉時代、日本を国防の危機から守った北条時宗が、「平成の元寇」の撃退法を指南する！
【幸福実現党刊】

1,400円

大川隆法霊言シリーズ・北朝鮮情勢を読む

守護霊インタビュー
金正恩の本心直撃！

ミサイルの発射の時期から、日米中韓への軍事戦略、中国人民解放軍との関係——。北朝鮮指導者の狙いがついに明らかになる。

【幸福実現党刊】

1,400円

長谷川慶太郎の
守護霊メッセージ
緊迫する北朝鮮情勢を読む

軍事評論家・長谷川氏の守護霊が、無謀な挑発を繰り返す金正恩の胸の内を探ると同時に、アメリカ・中国・韓国・日本の動きを予測する。

1,300円

北朝鮮の未来透視に
挑戦する
エドガー・ケイシー リーディング

「第2次朝鮮戦争」勃発か!? 核保有国となった北朝鮮と、その挑発に乗った韓国が激突。地獄に堕ちた"建国の父"金日成の霊言も同時収録。

1,400円

※表示価格は本体価格(税別)です。

大川隆法霊言シリーズ・中国の今後を占う

中国と習近平に未来はあるか

反日デモの謎を解く

「反日デモ」も、「反原発・沖縄基地問題」も中国が仕組んだ日本占領への布石だった。緊迫する日中関係の未来を習近平氏守護霊に問う。
【幸福実現党刊】

1,400円

周恩来の予言

新中華帝国の隠れたる神

北朝鮮のミサイル問題の背後には、中国の思惑があった！ 現代中国を霊界から指導する周恩来が語った、戦慄の世界覇権戦略とは!?

1,400円

小室直樹の大予言

2015年 中華帝国の崩壊

世界征服か？ 内部崩壊か？ 孤高の国際政治学者・小室直樹が、習近平氏の国家戦略と中国の矛盾を分析。日本に国防の秘策を授ける。

1,400円

幸福の科学グループのご案内

宗教、教育、政治、出版などの活動を通じて、
地球的ユートピアの実現を目指しています。

宗教法人　幸福の科学

一九八六年に立宗。一九九一年に宗教法人格を取得。信仰の対象は、地球系霊団の最高大霊、主エル・カンターレ。世界百カ国以上の国々に信者を持ち、全人類救済という尊い使命のもと、信者は、「愛」と「悟り」と「ユートピア建設」の教えの実践、伝道に励んでいます。

（二〇一三年五月現在）

愛

幸福の科学の「愛」とは、与える愛です。これは、仏教の慈悲《じひ》や布施《ふせ》の精神と同じことです。信者は、仏法真理をお伝えすることを通して、多くの方に幸福な人生を送っていただくための活動に励んでいます。

悟り

「悟り」とは、自らが仏の子であることを知るということです。教学《きょうがく》や精神統一によって心を磨き、智慧《ちえ》を得て悩みを解決すると共に、天使・菩薩《ぼさつ》の境地を目指し、より多くの人を救える力を身につけていきます。

ユートピア建設

私たち人間は、地上に理想世界を建設するという尊い使命を持って生まれてきています。社会の悪を押しとどめ、善を推し進めるために、信者はさまざまな活動に積極的に参加しています。

国内外の世界で貧困や災害、心の病で苦しんでいる人々に対しては、現地メンバーや支援団体と連携して、物心両面にわたり、あらゆる手段で手を差し伸べています。

年間約３万人の自殺者を減らすため、全国各地で街頭キャンペーンを展開しています。

公式サイト www.withyou-hs.net

ヘレン・ケラーを理想として活動する、ハンディキャップを持つ方とボランティアの会です。視聴覚障害者、肢体不自由な方々に仏法真理を学んでいただくための、さまざまなサポートをしています。

公式サイト www.helen-hs.net

教育

学校法人 幸福の科学学園

学校法人 幸福の科学学園は、幸福の科学の教育理念のもとにつくられた教育機関です。人間にとって最も大切な宗教教育の導入を通じて精神性を高めながら、ユートピア建設に貢献する人材輩出を目指しています。

幸福の科学学園

中学校・高等学校（那須本校）
2010年4月開校・栃木県那須郡（男女共学・全寮制）
TEL **0287-75-7777**
公式サイト **happy-science.ac.jp**

関西中学校・高等学校（関西校）
2013年4月開校・滋賀県大津市（男女共学・寮及び通学）
TEL **077-573-7774**
公式サイト **kansai.happy-science.ac.jp**

幸福の科学大学（仮称・設置認可申請予定）
2015年開学予定
TEL **03-6277-7248**（幸福の科学 大学準備室）
公式サイト **university.happy-science.jp**

仏法真理塾「サクセスNo.1」
小・中・高校生が、信仰教育を基礎にしながら、「勉強も『心の修行』」と考えて学んでいます。
TEL **03-5750-0747**（東京本校）

不登校児支援スクール「ネバー・マインド」
心の面からのアプローチを重視して、不登校の子供たちを支援しています。
また、障害児支援の「**ユー・アー・エンゼル!**」運動も行っています。
TEL **03-5750-1741**

エンゼルプランV
幼少時からの心の教育を大切にして、信仰をベースにした幼児教育を行っています。
TEL **03-5750-0757**

NPO活動支援

学校からのいじめ追放を目指し、さまざまな社会提言をしています。また、各地でのシンポジウムや学校への啓発ポスター掲示等に取り組むNPO「いじめから子供を守ろう！ネットワーク」を支援しています。

公式サイト **mamoro.org**
相談窓口 **TEL.03-5719-2170**
ブログ **mamoro.blog86.fc2.com**

政治

幸福実現党

内《ない》憂《ゆう》外《がい》患《かん》の国難に立ち向かうべく、二〇〇九年五月に幸福実現党を立党しました。創立者である大川隆法党総裁の精神的指導のもと、宗教だけでは解決できない問題に取り組み、幸福を具体化するための力になっています。

党員の機関紙
「幸福実現NEWS」

TEL 03-6441-0754
公式サイト hr-party.jp

出版メディア事業

幸福の科学出版

大川隆法総裁の仏法真理の書を中心に、ビジネス、自己啓発、小説など、さまざまなジャンルの書籍・雑誌を出版しています。他にも、映画事業、文学・学術発展のための振興事業、テレビ・ラジオ番組の提供など、幸福の科学文化を広げる事業を行っています。

TEL 03-5573-7700
公式サイト irhpress.co.jp

入会のご案内

あなたも、幸福の科学に集い、ほんとうの幸福を見つけてみませんか？

幸福の科学では、大川隆法総裁が説く仏法真理をもとに、「どうすれば幸福になれるのか、また、他の人を幸福にできるのか」を学び、実践しています。

入会

大川隆法総裁の教えを信じ、学ぼうとする方なら、どなたでも入会できます。入会された方には、『入会版「正心法語」』が授与されます。（入会の奉納は1,000円目安です）

ネットでも**入会**できます。詳しくは、下記URLへ。
happy-science.jp/joinus

三帰《さんき》誓願《せいがん》

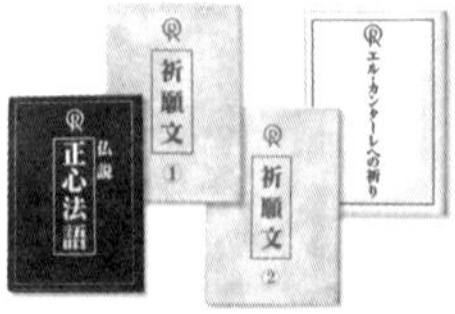

仏弟子としてさらに信仰を深めたい方は、仏・法・僧の三宝への帰依を誓う「三帰誓願式」を受けることができます。三帰誓願者には、『仏説・正心法語』『祈願文①』『祈願文②』『エル・カンターレへの祈り』が授与されます。

植福《しょくふく》の会

植福は、ユートピア建設のために、自分の富を差し出す尊い布施の行為です。布施の機会として、毎月1口1,000円からお申込みいただける、「植福の会」がございます。

「植福の会」に参加された方のうちご希望の方には、幸福の科学の小冊子（毎月1回）をお送りいたします。詳しくは、下記の電話番号までお問い合わせください。

月刊「幸福の科学」

ザ・伝道

ヤング・ブッダ

ヘルメス・エンゼルズ

INFORMATION
幸福の科学サービスセンター
TEL. 03-5793-1727（受付時間 火～金：10～20時／土・日：10～18時）
宗教法人 幸福の科学 公式サイト **happy-science.jp**